ケーススタディ
税理士実務
質疑応答集
法人税務編 令和**6**年改訂版

◉ 右山研究グループ

監修 右山昌一郎 ｜ 編集 税理士 野原武夫 ｜ 税理士 宮森俊樹

ぎょうせい

はしがき

　右山研究グループは，平成7年（1995年）4月に本書の基となる「税理士実務質疑応答集」を税理士・森川曉，同辻堅太郎を編集代表として，税理士・右山昌一郎（私）を監修者として上梓したなつかしい思い出がある。

　当該実務質疑応答集の「はしがき」に私は次のことを述べている。

　「この本は，右山研究グループの長年の結晶であり，執筆者である税理士各位の努力の結果といえる。私達夫婦の媒酌人は，時事放談で有名な細川隆元夫妻で，常に「税理士は実務を通じて社会に貢献すべきであり，大地を離れた実務家は，えせ実務家だ」と諭された。そのとき，私は大地に根を下ろした税の実務家として生きようと固く心に誓った」と当初の言葉を述べ，税務の時事放談としての「実務の焦点」の連載も20年になるのでここで中締めとして本書を発刊し，細川隆元先生の時事放談の30年継続には負けないように続けたいと述べている。

　当時私は50歳であり，ぎょうせい・月刊誌「税理」の1頁のコラムを連載してから43年になる。税務の時事放談もやっと政治の時事放談の期間を抜いたことになり，細川隆元先生の至言と右山研究グループ各位の努力に改めて感謝をしたい。さて「実務の焦点」は「税務キャッチ・アップ」と名称変更されて続けられている。その内容は，「実務の焦点」が「実例」及び「実例の検討」と区分されていたのに対して本書では，「ケース」「検討」及び「対応」と区分され読者のために配慮したものであり，その内容はほとんど同様のものである。

　すなわち，その内容の特色は，事例については，実務家としての税理士が日常業務のなかで，税務，会計等に関して問題のある事項や，注意が必要な事項を，そのつど書いたものであり，執筆者が税理士・弁護士であることから，その記述は税を徴する側ではなく，税を納める側に立って検討されたものである。また，取り上げた事例は，実務上税務当局との間にトラブルが発生しやすい事例及びすべての税目にわたっての事例が掲載されてきたことから，同時調査としての税務調査には大変役に立つ内容ではなかったかと思っている。

　今回は，このコラムを整理・編集し納税者別の法人税務編の年度版を出版し

ようとするものである。

　納税の義務は「憲法30条国民は，法律の定めるところにより，納税の義務を負ふ。」にその根拠を求めることができる。しかし，この法律が内容・手続ともに「官尊民卑」といわざるを得ない。例えば，申告納税制度において，申告の誤りに係る増額是正は，税務署長の処分及び修正申告で即時確定する（通則法16，19）のに対して，減額是正に係る納税者の更正の請求（通則法23）は，減額の請求権であり，税務調査によらなければその請求に係る減額が確定しない。また，手続においても納税者には，申告期限後1年以内の更正の請求の期限を規制しているが減額確定の税務調査の期限については何らの規制もない。

　納税者の過大申告を是正する唯一の手段としての更正の請求についてこの状態であり，国民主権を掲げた憲法の下における法律とは思えない。

　こうした状態にある税法に対し常に批判の目で記述したものが，43年を迎えた右山研究グループのコラムであった。この問題について，平成23年国税通則法による改正で修正申告書も含めてすべての納税申告書が課税処分と同様に5年間の更正の請求ができることになった（平成23年12月2日から適用）。

　現在このような「官尊民卑」是正のために「納税者権利憲章」の創設が叫ばれているが，本書がその一端にでも役に立てばと思う。特に税制は，国民全体に影響する。国民主権とは，国民の権利の主張とともに国家の債務の全部を国民が負担することを意味する。こうした意味合いからも税制の正当化は更に必要で，緊急の問題である。

　右山研究グループは，税理士・弁護士を合計して約100名が，毎月研修会を開催し，納税者の目線で税務の検討を行っている。

　私は高齢のため平成27年（2015年）に税理士を引退しているが，毎月研修会には必ず出席し，研さんに努めている。

　この研修会が本書の源であり，グループ全員が国民主権の実現を目指す仲間である。この仲間達と今後も国民主権の税務を目指した年度版を上梓し続けたいと考えている。

　　　　　　　　　　　　監修者　右山研究グループ　右山　昌一郎

編集にあたって

　このたび，右山研究グループに所属する税理士・弁護士100名余が長年にわたり執筆し，月刊「税理」のコラムに掲載されてきた「実務の焦点」（平成19年1月から「税務キャッチ・アップ」に改題）を編集し時機に相応しい事例を選定して『ケーススタディ税理士実務質疑応答集［法人税務編］（令和6年改訂版）』として出版することになった。

　「税務キャッチ・アップ」の特色は，実務家としての税理士が日常業務のなかで，税務，会計等に関して問題のある事項や，注意を要する事項を，そのつど書いてきたものであり，著者が税理士・弁護士であることから，税を徴する側ではなく，納める側に立って検討されている点にある。また，実務上税務当局とのトラブルが生じやすい事項を多数取り上げているので，税務調査においても大変役に立つことと思われる。

　本書の構成は，「CASE」については分かりやすく，質問形式をとり，「検討」では法律上・実務上の検討を加え，「対応」では，結論あるいは質問への回答，さらには著者の意見を述べている。

　編集にあたっての本書の特徴は，次のとおりである。
① 　税目区分
　「法人税務編」では法人税に関する項目を収録しているが，CASEの内容によっては，他の税目にまたがる場合もある。
② 　最新の内容
　「税務キャッチ・アップ」は，月刊「税理」に長年にわたって連載されているものであるが，令和6年度の税制改正まで織り込み，最新の内容に改めている。
③ 　内容の研究・検討
　本書は，税理士及び納税者が実務のなかから生じた税務の問題を毎月の研修会において討議し，納税者の側に立って検討を加えた実務的回答である。したがって，実務家にとって，カユイところに手が届く内容であると自負し

ている。
　本書が，税理士・経理担当者等の日常の業務に，あるいは税務調査時にお役に立てれば，執筆者一同の幸いである。
　税制は年とともに複雑になってきている。そして，税理士は単に税法に基づき業務を行うことだけでなく，一般の方々にこれを分かりやすく解説することも税務の専門家としての務めであると考える。
　このような考え方に基づき，皆様方のために「税務キャッチ・アップ」を続けていきたい。今後とも右山研究グループのために，ご指導をお願いし，編集のことばとさせていただきたい。
　　　令和6年9月

　　　　　　　　　　　　　　　右山研究グループ
　　　　　　　　　　　　　　　編集委員・税理士　野原　武夫
　　　　　　　　　　　　　　　　　　　　　　　　宮森　俊樹

〈右山研究グループ〉

監　　修　　右山　昌一郎

編集委員　　税理士　野原武夫
編集委員　　税理士　宮森俊樹

〔執筆者〕（五十音順）

税理士	在原　一憲	税理士	田久保知子	税理士	松浪　昭二
税理士	出岡　伸和	税理士	田中　宏志	税理士	宮家　一浩
税理士	板橋　敏夫	税理士	玉ノ井孝一	税理士	森田　純弘
税理士	浦口　　弘	税理士	辻　　富世	税理士	守屋みゆき
税理士	岡﨑　和雄	税理士	寺島　敬臣	税理士	焼山　良太
税理士	岡田　利夫	税理士	德丸　親一	税理士	矢野　重明
税理士	折原　昭寿	税理士	冨永　典寿	税理士	山下　晃央
税理士	苅米　　裕	税理士	中川　貞枝	税理士	山邉　　洋
税理士	川島　　雅	税理士	中川　祐一	税理士	山本　裕子
税理士	北川　裕之	税理士	中田　　博		
税理士	熊谷　安弘	税理士	中村　彰宏		
税理士	後藤　政則	税理士	樋之口　毅		
税理士	塩島　好文	税理士	廣瀬　尚子		
税理士	杉山　一紀	税理士	星山　光雄		

凡　　例

〔関係条文〕に引用する法令等については，次の略称を使用しています。

通則法	国税通則法
徴収法	国税徴収法
所法	所得税法
法法	法人税法
相法	相続税法
措法	租税特別措置法
消法	消費税法
地法	地方税法
新型コロナ税特法	新型コロナウイルス感染症等の影響に対応するための国税関係法律の臨時特例に関する法律
～令	～施行令
～規	～施行規則
条	1，2，3
項	①，②，③
号	一，二，三
所基通	所得税基本通達
法基通	法人税基本通達
相基通	相続税法基本通達
財基通	財産評価基本通達
耐通	耐用年数等の適用等に関する取扱通達
会計規	会社計算規則
円滑化法	中小企業における経営の承継の円滑化に関する法律

〔表記例〕
　　法法22③一………法人税法第22条第3項第1号

CONTENTS

Ⅰ 総論，定義

1. 欠損金処理のための減資 ……………………………… 2
2. 減資と均等割の軽減 …………………………………… 4
3. 租税特別措置法上のみなし大企業の範囲の見直し …… 6
4. グループホームの運営と税務 ………………………… 8
5. 一般社団法人・一般財団法人の税務 ………………… 10

Ⅱ 収益，費用とその帰属時期等

6. 車両の盗難に係る損失の計上時期 …………………… 14
7. 役員貸付利息の利率 …………………………………… 16
8. 未収利息の不計上 ……………………………………… 18
9. 非上場株式の売買における「時価」と問題点 ………… 20
10. 事業年度の期間が関係する規定の留意点 …………… 22
11. 1年以内の前払費用は継続処理で損金算入可能 …… 24
12. 短期前払費用に関するインボイス制度の留意点 …… 26
13. 資産に係る控除対象外消費税額等の計算 …………… 28
14. 中小企業の所有権移転外ファイナンス・リース取引の会計と税務 ……………………………………………… 30
15. 中古資産のリースバック取引の税務上の取扱い …… 32
16. 社葬費用と香典の取扱い ……………………………… 34
17. 党費又は会費の負担及び政治資金パーティー券の購入費用の取扱い ………………………………………… 36

vii

18	「一般管理費その他の費用」並びに「損失」の意義 ‥ 38
19	中小企業倒産防止共済 …………………………………… 40
20	解約返戻金のある定期保険及び第三分野保険の支払保険料 ……………………………………………… 42
21	養老保険を払済保険に変更した場合の取扱い ………… 44
22	公益法人等が補助金等を受けた場合の消費税の取扱い ……………………………………………… 46

Ⅲ 棚卸資産・減価償却資産・繰延資産

23	不動産仲介手数料の取得価額算入の要否 …………… 50
24	新設法人における減価償却の償却率 ………………… 52
25	建物の「資本的支出」と「資産の取得」との区分 …… 54
26	「資本的支出と修繕費の区分」と粉飾との関係 ……… 56
27	中小企業投資促進税制のソフトウェアの組合せ …… 58
28	中古資産を購入した場合の減価償却 ………………… 60
29	少額減価償却資産の特例からの貸付資産の除外 …… 62

Ⅳ 役員・使用人給与，賞与，退職給与

30	みなし役員の認定要件と認定パターン ……………… 66
31	「経営に従事している」ということの意義 ………… 68
32	業績連動型役員報酬 …………………………………… 70
33	未払役員賞与の辞退 …………………………………… 72

34	役員退職金の損金算入時期 ……………………………… 74
35	死亡退職金を年金方式により支給する場合の 課税関係 ……………………………………………………… 76
36	勇退時の退職金は要注意 ………………………………… 78
37	資金繰りに合わせた分掌変更等に伴う 役員退職給与の支給 ……………………………………… 80
38	役員退職金の分割支給 …………………………………… 82
39	福利厚生費処理をした慰安旅行費用の問題点 ………… 84
40	海外渡航費の取扱い ……………………………………… 86
41	給与・外注費の取扱いと留意点 ………………………… 88
42	情報提供料の取扱い ……………………………………… 90
43	使用人賞与の損金算入時期 ……………………………… 92
44	建設業退職金共済制度の取扱い ………………………… 94

V 交際費等と隣接費用

45	飲食等に係る金額基準等の拡充 ………………………… 98
46	使途不明金の種類と税務処理 ………………………… 100
47	会費制パーティーと協賛パーティーの交際費課税 … 102
48	交際費等に係る控除対象外消費税等の取扱い ……… 104

VI 貸倒損失・貸倒引当金

| 49 | 貸付金に対する貸倒損失の計上 .... 108 |
| 50 | 得意先が更生計画認可の決定を受けた場合の処理 ... 110 |

VII グループ法人税制等

51	完全支配関係がある内国法人間の寄附金 114
52	100％グループ内の清算中法人等の株式評価損 116
53	100％グループ法人間における受取配当等の益金不算入 118
54	通算グループからの離脱と申告期限延長特例の実務上の留意点 120

VIII 税額の計算・税額控除

55	取引先持株会からの配当に係る所得税額控除 124
56	製品・技術開発に係る試験研究費と人件費の範囲 126
57	サービス開発に係る試験研究費と人件費の範囲 128
58	試験研究費と繰延資産 130
59	試験研究を行った場合の研究開発税制 132
60	過年度遡及処理と税務の関係 134
61	地方拠点強化税制 136
62	企業版ふるさと納税の拡充・延長 138
63	大企業向けの人材確保等促進税制の抜本的見直し ... 140

64	賃上げ促進税制の概要 ……………………………… 142
65	中堅企業の賃上げ税制の創設 ……………………… 144
66	中小企業者等における賃上げの促進に係る税制の見直し ……………………… 146
67	繰越税額控除制度の創設 …………………………… 148
68	中小企業投資促進税制の見直し …………………… 150
69	中小企業経営強化税制の対象資産の拡充等 ………… 152
70	株式対価M＆Aを促進するための措置の創設 ……… 154
71	テレワークと法人事業税 …………………………… 156
72	法人事業税の見直し ………………………………… 158
73	外形標準課税の適用対象法人の拡大 ……………… 160
74	5G投資促進税制の見直し ………………………… 162
75	欠損金の繰戻しによる法人税額の還付 …………… 164
76	公益法人等が営む土地の貸付事業に係る更新料の課税 …………………… 166
77	ストック・オプション権利行使期間の上限延長 ……… 168
78	年間権利行使価額の限度額の引上げ等の見直し ……… 170

IX 申告書の作成等・その他

79	赤字子会社の合併と課税関係 ……………………… 174
80	民事再生法適用会社における欠損金の使用 ………… 176
81	適格合併における被合併法人の繰越欠損金の引継ぎ制限 ………………………… 178
82	受取配当等の益金不算入制度 ……………………… 180

83	「役員借入金」の債務免除を行う際の税務上の留意点	182
84	会社が災害に遭った場合の法人税の手続	184
85	確定申告書の提出期限の延長の特例	186
86	時価評価される売買目的有価証券	188
87	デリバティブ取引の処理	190
88	外貨建債権債務の換算方法とその選定・変更	192
89	ポイントサービスに関する取扱い	194
90	輸入品に課される関税	196
91	外国親会社に利息を支払う場合	198
92	成功報酬がある業務委託に係る印紙の取扱い	200
93	第三者割当増資に係る税法上の留意点	202
94	特定資産の買換えの届出書の提出義務の創設	204
95	認定先端設備等に係る償却資産税の特例措置の創設	206
96	税務関係書類における押印義務の見直し	208
97	横領の税務処理	210
98	税務調査での重加算税	212
99	無申告加算税制度の見直し	214
100	マンスリーマンションと消費税	216
101	住宅貸付けと消費税	218
102	インボイス制度の留意点	220
103	インボイス制度開始後初めての確定申告期に向けた対応等	222

104	免税事業者等からの仕入れに係る経過措置 ……………… 224
105	適格請求書発行事業者の登録等に関する免税事業者への経過措置の延長等 …………… 226
106	免税事業者が適格請求書発行事業者の登録をする際の再確認 ……………………………… 228
107	売り手側が負担する振込手数料相当額の対応 ………… 230
108	少額な返還インボイスの交付義務の免除の創設 …… 232
109	2割特例制度 …………………………………………………… 234
110	口座振替・口座振込による契約書のインボイス等の対応 ……………………………………… 236
111	適格請求書発行事業者以外の者からの課税仕入れ … 238
112	インボイス制度導入に伴う特定収入がある場合の仕入税額控除の調整規定 ………………………………… 240
113	優良な電子帳簿に係る過少申告加算税の軽減措置 … 242
114	通算法人の電子申告義務化の留意点 …………………… 244
115	電子帳簿保存法の改正〜電子取引データの保存〜 … 246
116	電子取引の取引情報に係る電子データの保存制度の猶予措置の創設 ……………………………… 248
117	インターネットバンキングと電子取引データ保存 …… 250

I 総論, 定義

1 欠損金処理のための減資

CASE

当社は，不況の長期化により欠損金を抱え，企業再生の途を探っております。企業再生を図るための欠損金処理のための減資も有効な手段であると聞きましたが，欠損塡補の方法と会計及び税務上の手続はどのようにしますか。なお，資本金が500万円，欠損塡補額が300万円の場合の別表調整についても教えてください。

検 討

1 欠損塡補の方法

欠損塡補は，資本金の額の減少による方法と準備金の額の減少による方法の2つがある。

2 資本の額の減少による方法

(1) 株主総会の決議
① 資本金の額の減少が欠損金の額を超えない場合……普通決議
② ①以外の場合……特別決議

(2) 債権者保護手続

会社は，資本金の額の減少の内容，計算書類，1か月以上の一定期間に異議を述べることができる旨を公告し，かつ，知れている債権者に催告しなければならない。なお，債権者保護手続が終了しない限り資本金の額の減少は効力を生じない。

3 欠損金処理のための減資

無償減資により欠損金を塡補した場合は，その他利益剰余金が増加する。欠損塡補額を超えて資本金を取り崩した場合は，その超過部分は，その他資本剰余金の増加となる。

対 応

1 会計処理

資本金　3,000千円　　　／その他資本剰余金　3,000千円
その他資本剰余金　3,000千円／繰越利益剰余金　3,000千円

2 別表五㈠の処理

別表五(一)　利益積立金額及び資本金等の額の計算に関する明細書　（単位：千円）

区分	期首現在利益積立金額 ①	当期の増減 減 ②	当期の増減 増 ③	差引翌期首現在利益積立金額①－②＋③
Ⅰ 利益積立金額の計算に関する明細書			
資本金等の額			△3,000	
繰越損益金	××	△3,000		××

会計上の処理　税務上の処理

区分	期首現在資本金等の額 ①	当期の増減 減 ②	当期の増減 増 ③	差引翌期首現在資本金等の額
Ⅱ 資本金等の額の計算に関する明細書			
資本金又は出資金	5,000	3,000		2,000
利益積立金額			3,000	3,000

3　法人地方税の取扱い

(1)　提出書類

　無償減資等による欠損填補を行い，均等割の税率区分の基準となる資本金等の額の算定にあたって調整した場合に，次の書類の提出が必要である。

(イ)　法人税申告書別表五(一)　(ロ)　株主資本等変動計算書
(ハ)　株主総会議事録
(ニ)　債権者に対する異議申立の公告（官報の抜粋）等

(2)　均等割の税率

　均等割の税率表にある資本金等の額は，原則，法人税法第2条第16号に規定する資本金等の額は，①資本金の額又は出資金の額と，②株主等から法人に払込み又は給付した財産の額で，資本金の額又は出資金の額として組み入れられなかったもの等の合計額をいう。ただし，平成27年4月1日以後に開始する事業年度については，無償減資等による欠損填補を行い地方税法第23条（第292条）第1項第4号の5の規定に該当する場合は，調整後の金額となるため外形標準課税の資本割の課税標準と同様となり，従来と均等割税率区分が変わる場合があるので注意が必要である。　　（徳丸　親一）

参考条文・判決等
会社法448①，447①，309①，449，449⑥，459①2，449①ただし書，地法72の21，同法取扱通知（県）4の6の1，地法52④～⑥，312⑥～⑧

2 減資と均等割の軽減

CASE

当社は資本金1,250万円の株式会社です。資本金を減らして、法人住民税均等割の負担を軽減したいと考えています。単に、資本金を1,000万円以下に減少するだけでは効果がないということですが、どのような方法をとればよいのでしょうか。当社の貸借対照表は次のとおりです。

会計上B/S　　　　　　万円
資産　2,000　資本金　　　　1,250
　　　　　　　繰越利益剰余金　750

税務上B/S　　　　　　万円
資産　2,000　資本金等の額　1,250
　　　　　　　利益積立金　　　750

検　討

1　その他資本剰余金を原資とする配当

法人住民税均等割の課税標準は、「資本金等の額」と「資本金+資本準備金」のいずれか大きい額である。したがって、資本金等の額を減少させなければ均等割を軽減することはできない。資本金の減少（以下「減資」という。）をしただけでは、資本金等の額は減少しない。

資本金等の額を減らすためには株主へ会社財産の払戻しをしなければならない。いわゆる「有償減資」を行うことになるが、会社法には有償減資という手続規定はなく、減資により生じた資本金減少差益（その他資本剰余金）を原資として剰余金の配当を行うことになる。

2　税務上の取扱い

その他資本剰余金を原資とする配当をした場合、税務上は資本金等の額と利益積立金額をプロラタ計算によりそれぞれ減少させる。利益積立金の減少となる金額は、払戻しを受けた株主に対するみなし配当となる。

（算　式）

$$\text{資本金等の額の減少額} = \text{払戻直前の資本金等の額} \times \frac{\text{払戻しにより減少した資本剰余金の額}}{\text{払戻直前の簿価純資産額}}$$

利益積立金額の減少額＝払戻しにより交付した金銭等の額−資本金等の減少額

本CASEの場合、資本金等の額を1,000万円にするためには、400万円の減資及び配当が必要となる。

資本金等の額の減少額＝1,250万円×400万円／2,000万円＝250万円

（会　　計）資本金　　　　　　　400／その他資本剰余金　400
　　　　　　その他資本剰余金　　 400／現金　　　　　　　400
（税　　務）資本金等の額(注1)　 400／資本金等の額(注2)　400
　　　　　　資本金等の額(注2)　 250／現金　　　　　　　400
　　　　　　利益積立金額　　　　 150

（注１）　資本金　（注２）　資本金以外の資本金等の額

会計上B／S		万円
資産	1,600	資本金　　　　850
		繰越利益剰余金 750

税務上B／S		万円
資産	1,600	資本金等の額　1,000
		利益積立金　　　600

3　欠損金のある会社

　繰越利益剰余金がマイナスの場合には，減資による欠損塡補をすれば，資本金等の額から欠損塡補に充てた額を控除した金額が均等割の課税標準となる。

　例えば，資本金1,250万円の会社の場合，繰越利益剰余金が250万円以上のマイナスであれば，資本金を1,000万円に減少して欠損塡補にあてることにより，均等割の課税標準を1,000万円に引き下げることが可能である。

　減資と欠損塡補を同時にする必要はなく，減資以後１年の間に，その減資により生じた資本金減少差益で欠損塡補をすればよい。また，欠損塡補をする際の繰越利益剰余金のマイナス金額は前期末の金額であり，当期中に生じた損失の額は含まれない。

対　応

　均等割の課税標準は次の①と②のいずれか大きい金額である。法人税法の資本金等の額（法人税申告書別表五(1)下段の金額）と一致しないケースもあるので留意したい。

① 　法人税法の資本金等の額に，㋑平成22年４月１日以後にした利益の資本組入れ額をプラスし，㋺平成13年４月１日以後の資本金減少又は資本準備金減少による欠損塡補の額をマイナスした金額
② 　資本金の額と資本準備金の額との合計額

（中川　祐一）

参考条文・判決等

法法２十六，十八，法令８①，９①，地法23①四の五，52①，292①四の五，312①

3 租税特別措置法上のみなし大企業の範囲の見直し

CASE

平成31年度及び令和3年度税制改正では，財務基盤の弱い中小法人を支援するという本来の制度の趣旨を鑑み，大企業の子会社等は租税特別措置法上の中小企業関連の優遇税制の対象として不相応であるとして，租税特別措置法上のみなし大企業の範囲の見直しが行われました。

そこで，租税特別措置法上のみなし大企業の範囲の平成31年度税制改正前及びそれぞれの税制改正の概要と留意点について教えてください。

検 討

1 平成31年度税制改正前制度の概要

租税特別措置法上のみなし大企業とは，資本金の額若しくは出資金の額が1億円以下の法人のうち，次に掲げる法人又は資本若しくは出資を有しない法人のうち常時使用する従業員の数が1,000人超の法人をいう。

① その発行済株式又は出資の総数又は総額の2分の1以上が同一の大規模法人(注)の所有に属している法人

② 上記①のほか，その発行済株式等又は出資の総数又は総額の3分の2以上が大規模法人(注)の所有に属している法人

　(注)　「大規模法人」とは，資本金の額等が1億円を超える法人又は資本等を有しない法人のうち常時使用する従業員の数が1,000人を超える法人をいい，中小企業投資育成株式会社を除く。

2 平成31年度税制改正

租税特別措置法上のみなし大企業の判定において，上記1の（注）書きに掲げる「大規模法人」の範囲に法人税法上のみなし大法人に掲げる判定（下記4②③）が追加された。

また，「大規模法人」の判定対象となる法人の発行済株式又は出資から，その有する自己の株式又は出資が除外された。

3 令和3年度税制改正

租税特別措置法上のみなし大企業の判定において，上記1の（注）書き

に掲げる「大規模法人」の範囲から独立行政法人中小企業基盤整備機構（みなし大企業の判定の対象法人の発行する株式の全部又は一部が中小企業等経営強化法の認定事業再編投資組合の組合財産である場合におけるその組合員の出資に係る部分に限る。）を除外する措置が廃止された。

4　法人税法上のみなし大法人

法人税法上のみなし大法人とは，内国法人である普通法人のうち各事業年度終了の時において次に掲げる法人に該当するものをいう。
① 　保険業法に規定する相互会社等
② 　大法人(注)との間にその大法人による完全支配関係がある法人
③ 　複数の完全支配関係がある大法人に発行済株式の全部を保有されている普通法人（上記②に掲げる法人を除く。）
④ 　受託法人

(注)「大法人」とは，イ　資本金の額若しくは出資金の額が5億円以上の法人，ロ　相互会社（外国相互会社を含む。），ハ　受託法人とされる。

対　応

平成29年度税制改正では，平成31年4月1日以後に開始する事業年度開始の日前3年以内に終了した各事業年度の所得の金額（欠損金の繰越控除制度等の適用後の法人税別表四の「所得金額又は欠損金額 ⑱」の欄の金額）の合計額をその各基準年度の月数の合計数で除し，これに12を乗じて計算した金額が年15億円を超える中小企業者（いわゆる適用除外事業者）について，法人税関係の中小企業者向けの各租税特別措置の適用が停止された。

なお，停止される中小企業者向けの主要な税制としては，「軽減税率の特例（税率15％）」，「中小企業等における賃上げの促進に係る税制」，「中小企業投資促進税制」及び「少額減価償却資産の取得価額の損金算入の特例」等とされるので留意が必要である。

（宮森　俊樹）

参考条文・判決等

措法42の3の2①，42の4⑧六・七，42の6，42の12の3，42の12の5②，67の5，措令27の4⑫～⑭，27の4⑫一イ・ロ，平成31年度改正措令附則16，法法66⑥，法令139の6の2，旧措令27の4①，令和3年度改正措令附則25

4 グループホームの運営と税務

CASE

私は東京都内で介護用品の製造・販売を営んでいる法人の代表者です。この度，介護関連事業の拡大と地域への貢献を目指してグループホームの開設を考えています。グループホームを開設・運営するにあたり税務上のポイントについて教えてください。

検 討

1 グループホームとは

近年の高齢者人口の増加は同時に認知症の高齢者の増加をもたらしている。こうした現状のなか，グループホームは認知症ケアの切り札として平成12年の介護保険制度の創設とともに制度化された。グループホームは介護保険法では「地域密着型サービス」の中の「認知症対応型共同生活介護」に該当し，5～9人の少数の認知症の高齢者（原則として65才以上）が，専門員によるケアを受けながら自立した共同生活を送る施設で，法人格があればその開設が認められている。

なお，グループホームにおいて介護サービスを提供するためには，開設する市町村の長による「地域密着型サービス事業者」の指定を受ける必要がある（平成31年4月時点で約1万3,600件の事業者が登録されている。）。

2 税務の取扱い

(1) 施設開設時

① 交付金の取扱い

施設を開設するに当たり要した施設整備費用の補塡として各市町村，若しくは各都道府県から施設整備交付金を受けることができる。交付金については，国庫補助金等の圧縮記帳（圧縮限度額は交付金の額相当額）が認められる。

② 不動産取得税の取扱い

普通法人がグループホームの土地・建物を取得した場合の不動産取得税は，原則として課税される。ただし，東京都の場合には都条例により，不動産取得税の100％減免措置が受けられる。

(2) 施設運営時
① 消費税の取扱い

　グループホーム運営における経常収入は，介護収入と入居者からの家賃収入（食材費，水道光熱費含む。）の二本立てとなる。介護収入については，介護保険制度上の保険給付の対象となる（所得に応じて1割から3割部分は入居者負担）。また，入居者からの家賃収入は，住宅用建物の賃貸収入に該当する。よって，いずれの収入についても消費税法上の非課税売上に該当する。

② 固定資産税（償却資産税）の取扱い

　固定資産税についても，前記(1)②の不動産取得税同様，普通法人が所有するグループホーム用の固定資産（償却資産）については原則として課税される。ただし，東京都の場合には条例により100%減免措置の適用が受けられる。

対　応

　グループホームの開設・運営にあたって，その課税関係はその運営主体，開設地域によって異なるので注意を要する。

　法人種類ごとの課税関係は以下のとおりである。

法人種別ごとの課税関係

税目＼法人種類	法人税	法人住民税 法人事業税	固定資産税 （都市計画税） 償却資産税	不動産取得税
社会福祉法人	非課税 （収益事業を除く）	非課税 （収益事業を除く）	非課税	非課税
株式会社	課税	課税	100%減免（注）	100%減免（注）
NPO法人	課税	課税	100%減免（注）	100%減免（注）

（注）　固定資産税（償却資産税）・不動産取得税の減免措置は東京都条例による。

　また，平成21年10月より，介護職員の処遇改善を目的として，介護事業者からの申請に基づき「介護職員処遇改善交付金」の支給制度が開始された。積極的に活用したいものである。　　　　　　　　　　　　（田中　宏志）

参考条文・判決等

介護保険法8⑲，48，消基通6-7-1，6-7-2　地法73の4，348②，東京都税条例48の9，134，東京国税局文書回答（平成25年3月6日）

5　一般社団法人・一般財団法人の税務

CASE

　私は，長年にわたり助産院の経営を行ってきました。4部屋の入院施設があり，数名の助産師を雇用し出産だけでなく産後入院や子育て支援なども行っています。医師は医療法人という形で法人化をすることができ，院長先生が亡くなっても病院を継続することが出来ますが，助産師は医師ではないために助産院を経営している私が亡くなってしまうと，助産院の継続が不可能になってしまいます。せっかく築いた助産院を長く続けていくために法人化する方法を模索したところ，一般社団法人という手法があると聞きました。一般社団法人というのはどのような法人なのでしょうか。

検　討

1　課税形態

　法人税法上，「非営利型法人」と「非営利型法人以外の法人」の2つに大きく区分され，「非営利型法人」に該当すれば，法人税法上の収益事業（政令で定める34事業）から生じた所得のみが法人税の課税対象になる。「非営利型法人以外の法人」に該当すれば，株式会社などの普通法人と同様に全ての所得が法人税の課税対象になる。

　また,「非営利型法人」は，さらに「非営利が徹底された法人」（以下「非営利徹底型法人」という。）と「共益的な活動を主たる目的とする法人」（以下「共益活動型法人」という。）に分かれる。この「非営利型法人」に該当する為には，定款の規定や理事の構成等に要件が定められているので，設立時に注意が必要である。

2　「非営利徹底型法人」

　「非営利徹底型法人」とは，次の全ての要件を満たしている法人をいう。

①　剰余金の分配を行わないことを定款に定めていること
②　解散時に，残余財産を国・地方公共団体や一定の公益的な団体に贈与することを定款に定めていること
③　上記①②の定款の定めに違反する行為を行う事を決定し，又は行ったことがないこと

④ 各理事について，理事とその理事の親族等である理事の合計数が，理事の総数の3分の1以下であること
3 「共益活動型法人」
「共益活動型法人」とは，次の全ての要件を満たしている法人をいう。
① 会員に共通する利益を図る活動を行うことを目的としている
② 定款等に会費の定めがある
③ 主たる事業として収益事業を行っていない
④ 定款に特定の個人又は団体に剰余金の分配を行うことを定めていない
⑤ 解散時にその残余財産を特定の個人又は団体に帰属させることを定款に定めていない
⑥ 上記①から⑦まで及び⑦の要件に該当していた期間内に，特定の個人又は団体に特別の利益を与えることを決定し，又は与えられたことがないこと
⑦ 各理事について，理事とその理事の親族等である理事の合計数が理事の総数の3分の1以下であること

対 応

　最近では，助産師が助産施設を一般社団法人として設立運営するなど，個人でしか営業できなかった事業を法人化するために利用する手段として選択されている。また，地域のコミュニティカフェや地域活動拠点施設の運営団体などが法人格を得るために設立するケースも見られる。
　なお，一般社団法人・一般財団法人が「非営利型法人」となるためには，最低でも3人以上の理事が必要であり，その理事が親族等である割合が3分の1以下であることが必要となる。設立時にどの形態をとるべきか方向を定めてから設立することが大切である。

（山本　裕子）

参考条文・判決等
法法2九の2二イ・ロ，法令3①②

II 収益,費用とその帰属時期等

6 車両の盗難に係る損失の計上時期

CASE

A法人は，決算月である3月において，納車された社有車が盗難に遭ったことから，警察に盗難届を提出し，所定の手続を実施している。この盗難に遭った車両は，加入している自動車保険の契約に係る補償の対象とならないようです。

この状況報告を受け，税理士Bは，当該盗難車両の帳簿価額残高について，盗難損失を計上しようと考えています。しかし，盗難車両は，発見された場合にA法人の所有に戻ることを考えると，帳簿価額残高を損金の額に算入しても問題がないのか，仮に損失計上が認められない場合には車両を事業の用に供することができないことから減価償却の計上も認められないのではないかという懸念を抱いています。車両の盗難に係る損失の計上時期は，どのように考えるべきか，ご教示ください。

検 討

1 損失の額の認識と盗難損失の計上時期について

法人税法第22条第3項第3号に規定する損失の額は，会計上，一般に収益の獲得のための活動に貢献せず，収益と因果関係のない財産上の価値の喪失をいうものとされている。本件の車両の盗難損失は，その典型的なものといえよう。

また，損失は，資産の減失等があった場合と，事故等により債務が生じた場合とに区分できる。そして，車両の盗難による損失は，事故等による債務確定に伴い損失を認識するのではなく，資産の減失等という事実が生じた時点で損失を認識することができるから，盗難による損失の額は，基本的には，盗難があった日の属する事業年度の損金の額に算入することになる。

A法人は，社有車の盗難に際し，警察に盗難届を提出しているとあり，車両の一時抹消登録又は永久抹消登録（いわゆる廃車）手続きを実施していると解される。このような手続上の実態から勘案しても，損金性を否定されるものではないと考える。

なお，損失計上後の事業年度において，盗難車両がA法人に戻ることと

なった場合には，その時の価額に相当する金額により，車両の受け入れ処理をすることになろう。

2 補償対象となる車両保険に加入していた場合

仮に車両の盗難等に備えて，車両保険に加入していた場合には，車両の盗難により損失が発生すると同時に，保険会社に対する保険金の支払請求権が発生するため，調査期間（通常1か月程度）を経た後，保険契約の内容等に基づき保険金が支払われ，損失が補填されることになる。

そうすると，適正な期間損益の算定という観点からは，企業会計上の費用収益対応の原則に準じて，盗難損失と保険金との間に対応関係を求めることが，法人税法第22条第4項にいう「一般に公正妥当と認められる会計処理の基準」によった処理ということになる。

したがって，盗難車両に係る自動車保険において，車両保険に加入している場合には，盗難損失は，損失額を補填する保険金の額が確定するまでの間，帳簿価額残高を保険未決算勘定に振り替えておき，その保険金の額が確定した日の属する事業年度において保険差損益を計上することになろう。

また，保険加入者が保険金を受け取った後，盗難車両が発見された場合には，通常保険会社が所有権を有することになるが，保険金を返還することにより所有権を戻すことができる契約も存するので，確認しておくべきであろう。

なお，保険契約の内容等に照らして受け取るべき保険金の額が確定しているときは，保険会社から支払われる保険金額の通知等がなくても，その金額が確定した時点において，保険未決算勘定を保険差損益に振り替え，益金の額又は損金の額に算入すべきである。

対 応

本件のように保険請求権がない場合において，盗難による損失の額は，盗難があった日の属する事業年度の損金の額に算入することになると考えられる。

（苅米　裕）

参考文献・判決等

法法22③三，22④，平成15年2月6日裁決・裁決事例集No.65-366頁参考

7 役員貸付利息の利率

CASE
役員に対する貸付金に対し未収利息を計上する場合，利率はどのように定めればよろしいでしょうか。

検 討

役員又は使用人に対する貸付金の利率は，所得税基本通達36－28及び36－49で次のように規定されている。

① 法人が他から借入れをしており，その貸付金とひも付き関係にあるときには，その借入金の利率
② 法人が他から借入れをしており，①以外のときは，その法人の借入金の平均利率
③ 法人が他から借入れをしていない場合には，利子税の特例基準割合による利率

対 応

1 通達に定める利率

検討②の，法人が借入をしている場合の借入金の平均利率は合理的に算定することになるが，通達では次の方法を例示している。会社が金融機関から借り入れた借入利率以下で役員に貸し付け，会社に損害を与えることは，税務上も許容されない。

（前事業年度の支払利息合計÷前事業年度の借入金平均残高）

一方，検討③の利率は次のとおりである。貸付けをした年により変動するので注意したい。

平成22年から25年中の貸付け	4.3%
平成26年中の貸付け	1.9%
平成27年から平成28年中の貸付	1.8%
平成29年中の貸付け	1.7%
平成30年から令和2年中の貸付け	1.6%
令和3年中の貸付け	1.0%
令和4年から令和6年中の貸付け	0.9%

2 未収利息の計上を要しない場合

次の場合には無利息又は上記の利率よりも低い場合でも未収利息の計上は必要ない。

① 災害や病気などで臨時に多額の生活資金が必要となった役員又は使用人に，その資金に充てるため，合理的と認められる金額や返済期間で金銭を貸し付ける場合
② 上記1の方法により計算した利息と実際の利息との差額が年間5,000円以下の場合

3 利子税の特例基準割合の変遷

法人が他から借入れをしていない場合の利率について，利子税の特例基準割合を用いるようになったのは平成12年からであり，その割合の算定方法は次のとおりの変遷をたどっている。

平成12年から平成25年までの期間	旧公定歩合＋4％
平成26年から令和2年までの期間	短期約定平均金利＋1％
令和3年以降	短期約定平均金利＋0.5％

4 平成12年以前の利率

平成12年に特例基準割合を取り入れる前は，調査により役員に対する無利息貸付の利息を認定された場合の利率を10％とする旨の通達が残っていた。バブル崩壊後金利下落局面になってもこの通達はそのままであったため，当局と納税者との争いは絶えなかった。当時の規定の問題は，利率が10％に固定されていたことであり，利率が実情とかけ離れてしまったことが争いの原因であった。

この点，現行通達は市中金利にあわせて変動する定めになっているので，今後予想される金利上昇局面になっても，以前のような問題は生じないと考えられる。

（岡﨑　和雄）

参考条文・判決等

所基通36−15(3)，36−28(2)，36−49，措法93②

8　未収利息の不計上

CASE

当社は，3年前に財政状態の悪化した当社の下請け会社であるA社に対して資金を融資したのですが，1年以上前から元金・利息共に返済を受けておりません。当社は前期末に当該貸付金に対する約定利息相当額を未収利息として計上しておりますが，当期も継続してこのような処理を行わなければならないのでしょうか。A社は今も経営状態が思わしくなく，貸付金及び利息の返済はこれからも滞ることが予想されますし，場合によってはA社は経営が続けられなくなる可能性もあると考えております。

検　討

　貸付金等に係る利息は時の経過に応じて収益として計上され，支払日が到来していない分についてすでに経過した期間に係る分を未収利息として計上するのが原則である。

　このように計上される未収利息であるが，支払期日を過ぎても支払いが行われない場合の会計上及び税務上の取扱いについては，以下のように規定されている。

1　会計上の取扱い

　金融商品に関する会計基準注解では，債務者から契約上の利払日を相当期間経過しても利息の支払を受けていない債権及び破産更生債権等については，すでに計上されている未収利息を当期の損失として処理するとともに，それ以後の期間に係る利息を計上してはならないとしている。これは，そのような状況に陥った利息の回収可能性が低く，収益として認識することが適当ではないと考えられるからであろう。

　また，金融商品会計に関する実務指針によれば，未収利息を不計上とする延滞期間は，延滞の継続により未収利息の回収可能性が損なわれたと判断される程度の期間であり，一般には，債務者の状況等に応じて6か月から1年程度が妥当と考えられるとしている。

2　税務上の取扱い

　税務上も法人税基本通達において，法人の有する貸付金又は当該貸付金

に係る債務者について次に掲げるような事実が生じた場合には，その事業年度に係る利子の額は当該事業年度の益金の額に算入しないことができるとしている。

　すなわち，債務者が債務超過に陥っている等の理由から，その支払いの督促をしたにもかかわらず，その事業年度終了の日以前6か月（その期間内に支払期日がないものは1年）以内に支払期日が到来したものの全額が未収になっており，かつ，当該期間内にそれ以外の利子について支払いを受けた金額が全くないかきわめて少額である場合等である。

3　会計と税務の相違点

　金融商品に関する会計基準においては，未収利息の計上を取り消す場合には，過年度に計上した未収利息までも当期の損失として処理する。それに対して，税務においては，その事業年度に係る利子の額のみを益金の額に算入しないことができるとしているだけである。したがって，会計上過年度に計上した未収利息を損失として処理した場合には，税務上の申告調整が必要となる。

対　応

　本CASEにおいて，A社が債務超過に陥っている等相当の理由がある場合には，未収利息を計上する必要はないものと思われる。

　なお，税務上，過年度に計上した未収利息については，資産に計上している場合において，その計上した事業年度終了の日から2年を経過した日の前日を含む事業年度終了の日までの期間に，支払の督促等の回収の努力をしたにもかかわらず，その入金が全くない時には，個別評価金銭債権に係る貸倒引当金の設定対象となる。

（玉ノ井　孝一）

参考条文・判決等

金融商品に関する会計基準（注9），金融商品会計に関する実務指針第119項，法基通2－1－25, 11－2－8

9 非上場株式の売買における「時価」と問題点

CASE

多くの中小企業の株式は，非上場で同族の株式であり，自社株式の売買にあたっては，恣意性の介入する余地のあることから，税務上の問題を生じることが多いと聞いています。そこで，自社株式の売却が行われるケースとして考えられる，次の4つのケースの売却時の税務上の取扱いについて教えてください（①個人から個人，②個人から法人，③法人から個人，④法人から法人）。

検 討

1 個人から個人への売却

(1) 時価より低い譲渡

① 買い主については，売買価額と時価との差額について，みなし贈与課税

② 売り主については，実際の売買価額を収入金額として，譲渡所得課税

(2) 時価より高い譲渡

① 買い主については，特に課税関係は生じない。

② 売り主については，売買価額と時価との差額について，みなし贈与課税。しかし，利害関係のない第三者間の場合は，実際の売買価額を収入金額として，譲渡所得課税がなされるのみで，贈与の問題は生じない。

2 個人から法人への売却

(1) 時価より低い譲渡

① 買い主（法人）については，時価と売買価額との差額を受贈益として課税

② 売り主（個人）については，売買価額が時価の2分の1未満のときは，時価により，みなし譲渡課税。2分の1以上の場合は実際の売買価額で計算されるが，その譲渡が同族会社等の行為計算の否認の規定に該当する時は時価により，譲渡所得課税

(2) 時価より高い譲渡

① 買い主（法人）については，売買価額と時価との差額は売り主がその法人の役員等の場合は賞与として，それ以外の場合は寄附金又は配当と

② 売り主（個人）については、売買価額と時価との差額について法人の税務処理を受けて、売り主がその法人の役員等の場合は給与所得、それ以外の場合は一時所得、配当所得として課税される。

3　法人から個人への売却

(1)　時価より低い譲渡

① 買い主（個人）については、売買価額と時価との差額が、法人から個人へ贈与されたことになるので、買い主がその法人の役員等である場合には給与所得、それ以外の場合は一時所得として課税される。

② 売り主（法人）については、売買価額と時価との差額について買い主がその法人の役員等の場合は賞与として、それ以外の場合は寄附金として取り扱う。

(2)　時価より高い譲渡

① 買い主（個人）については、課税関係は生じない。

② 売り主（法人）については、売買価額と時価との差額を受贈益として課税

4　法人から法人への売却

(1)　時価より低い譲渡

① 買い主については、売買価額と時価との差額を受贈益として課税

② 売り主については、売買価額と時価との差額を寄附金として取り扱う。

(2)　時価より高い譲渡

① 買い主については、売買価額と時価との差額を寄附金として取り扱う。

② 売り主については、売買価額と時価との差額を受贈益として課税

対　応

　非上場株式の税法上の取扱いは、その取引金額に妥当性がない限りなんらかの課税上の問題が生じることになる。そのため、実務では、税務上の評価額を「時価」とし、関係条文の取扱いを参考にして売買する必要がある。

（松浪　昭二）

参考条文・判決等

所令169、所基通59-3、法基通9-1-14、9-2-10、相基通9-2(4)

10 事業年度の期間が関係する規定の留意点

CASE

当社は，令和x1年10月31日設立の法人で，会計期間は10月1日から9月30日までの1年間と定めています。しかし，最初の事業年度は，令和x1年10月31日から令和x2年9月30日までの期間となり，1年に満たないことになります。このように1年に満たない事業年度について法人税の申告をする場合，法人税の計算上注意すべきことはありますか。

検 討

1 「事業年度」

　法人の各事業年度の所得に対する法人税の課税標準である各事業年度の所得の金額は，当該事業年度の益金の額から損金の額を控除した金額とされる。「事業年度」とは，法人の財産及び損益の計算の単位となる期間（以下，「会計期間」という。）で法令又は法人の定款等に定めるものをいい，法令又は定款等に定めがない場合には納税地の所轄税務署長に届け出るか，税務署長が指定した会計期間をいう。ただし，これらの期間が1年を超える場合は，当該期間をその開始の日以後1年ごとに区分した各期間をいう。

　法人は会計期間を1年間と定めることが多く，また，法人税法においては，会計期間が1年を超える場合はその開始の日以後1年ごとに区分して事業年度とすることとされている。したがって，事業年度の期間が関係する規定は，事業年度が1年間である場合を原則として定められ，1年に満たない場合が例外的に規定されている。

2 事業年度の期間が関係する規定

　事業年度の期間が関係する法人税法の規定として，各事業年度の所得に対する法人税の税率の規定があげられる。この規定では，資本金の額若しくは出資金の額が1億円以下であるものその他一定の法人等の各事業年度の所得の金額のうち年800万円以下の金額については，軽減税率15％（通常の税率：23.2％）を乗じて法人税の額を計算することとされている。事業年度が1年に満たない場合，「年800万円以下」の部分を「年800万円を12で除し，これに当該事業年度の月数を乗じて計算した金額」として適用

される。

　例えば、事業年度の月数を11月とすると、金額は次のように計算される。
　800万円÷12×11＝733万3,326円　──▶　733万3,000円（千円未満切捨て）
　つまり、事業年度の月数が11月である法人の場合、各事業年度の所得の金額のうち年733万3,000円以下の金額について軽減税率15％を適用することになる。

3　事業年度の月数の計算

　事業年度の月数は暦に従って計算し、1月に満たない端数を生じたときはこれを1月とすると定められている。また、設立事業年度などで月の途中から事業年度が開始している場合、暦に従って期間を計算する方法は、次のように民法に規定されている。「週、月又は年の初めから期間を起算しないときは、その期間は、最後の週、月又は年においてその起算日に応当する日の前日に満了する。ただし、月又は年によって期間を定めた場合において、最後の月に応当する日がないときは、その月の末日に満了する」。
　つまり、令和×1年10月31日開始～令和×2年9月30日終了の事業年度の期間は、暦に従って計算すると11月となるのである。この事業年度の期間を誤って11月と1日と算出し、事業年度の月数を12月として前述の規定を適用すると、所得の金額が800万円以上ある場合、下記のように税額が約54,400円少なく計算されてしまうことになるので留意が必要である。
　①正（11月）733万3,000円×15％＋66万6,000円×23.2％＝125万4,400円
　②誤（12月）800万円×15％＝120万円
　①－②＝5万4,400円

対　応

　事業年度の期間の計算は、各事業年度の所得に対する法人税の税率以外にも、交際費等の損金不算入、寄附金の損金不算入などの損金算入限度額の計算や、同族会社の特別税率の留保控除額又は留保金額に対する税額の計算など、さまざまな規定に関係している。事業年度が1年に満たない場合には、あらゆる規定に関し慎重に対処することが望ましい。

（右山　昌一郎）

参考条文・判決等
法法13①、37、66、67、措法42の3の2①、61の4、民法143②

11 1年以内の前払費用は継続処理で損金算入可能

CASE
当社は6月決算法人ですが，契約に基づき6月30日に翌期1年分の倉庫の家賃を前払いとして支払った場合，会計上の継続性により当期の損金として全額処理できるでしょうか。
また，雑誌の購読料の場合はどうでしょうか。

検　討

　前払費用とは，一定の契約に基づき継続的に役務の提供を受けるために支出した費用のうち，当該事業年度終了の時において，未だ提供を受けていない役務に対応する費用の額をいう。

　すなわち前払費用は，支払利息・割引料，保険料，地代家賃等のような役務の提供を継続的に受けるもののうち，決算期末までにその役務の提供が終了していないものを処理するときに用いる勘定科目である。したがって，一定の契約に基づいていても，継続的な物品の購入の場合や，一定の時期に特定の役務を受けるためにあらかじめ支払った額等の費用については，前払金として処理されるので，一般の費用と比較してみると，両者の性格は異なることとなる。

　一般的に販売費及び一般管理費は，債務の確定したものがその期の損金に算入されるが，この債務の確定とは，
① 当該費用に係る債務が成立していること
② 当該債務に基づいて具体的な給付をすべき原因となる事実が発生していること
③ その金額を合理的に算定することができること

　以上の三要件が事業年度終了の日において，全て該当することをいう。よって，上記②の要件に該当しない役務の提供に係る費用は，前払費用として処理されることとなる。前払費用は，「経過勘定」ともいわれるように時間の経過とともに翌期以降の費用となるので，期間対応の処理が必要となってくる。

　しかし，前払費用のうちで法人が支払った日から1年以内に提供を受け

る役務に係るものについては，継続してその支払った日の属する事業年度の損金の額に算入することを条件に，短期の前払費用として損金処理が認められているのである。

　よって本CASEの倉庫家賃は，地代家賃として前払費用となり，前払いの期間が短期（1年以内）であり，会計上の継続性があるので損金処理が認められることとなる。雑誌購読料については，役務の提供ではなく物品の購入となるので前払金処理されることとなり，損金算入は認められないこととなる。

対　応

　本CASEの場合，支払日が6月30日で翌1年分となると1日でも1年を超えるのではないか，との疑義が生じる。しかし，1年を超える期間が非常に僅かであり，短期の前払費用の処理が企業会計上の重要性の原則に基づく経理処理を，税法上も認めていることから，本CASEの処理は，当然ながら，認められることとなる。

　なお支払時から1年を超えて支払われる場合，短期前払費用として取扱い可能な日数としては，国税庁質疑応答事例によると，「何らかの歯止めを置いたうえで，下旬の支払についても認めることが相当」との見解が示されている。

　また2年分を支払った場合には，1年以内の部分について損金として認めることにならず，全額前払費用として翌期に繰り越されるので留意が必要である。

　なお，支払方法としては，現金ばかりではなく手形による場合でも，短期の前払費用としての取扱上「支払った場合」に含まれる。よって当然，当期の損金に算入することが認められる。

　短期の前払費用でも，例えば借入金を預金・有価証券等に運用する場合は，その支払利息は収益の計上と対応させる必要があるので，この特例は認められないこととなる。しかし，それ以外の1年以内の前払費用である限り，その支出金額の反復継続性の有無は問わないこととなっている。

（後藤　政則）

参考条文・判決等
法法22③，法基通2－2－12，2－2－14，国税庁質疑応答事例（短期前払費用）

12 短期前払費用に関するインボイス制度の留意点

CASE

令和5年10月1日からインボイス制度が始まりましたが,法人税や所得税でいう,いわゆる短期前払費用の取扱いについても対応が必要かと思います。そこで短期前払費用の適用を受ける場合の処理について教えてください。

検 討

1 短期前払費用の取扱い

法人税の計算において,前払費用(一定の契約に基づき継続的に役務の提供を受けるために支出した費用のうち支出した事業年度終了の時においてまだ提供を受けていない役務に対応するものをいう。)の額でその支払った日から1年以内に提供を受ける役務に係るものを支払った場合,その支払った額に相当する金額を継続してその支払った日の属する事業年度の損金の額に算入しているときは,当該前払費用を損金の額に算入することが認められている。

消費税の計算についても,当該取扱いの適用を受ける前払費用に係る課税仕入れは,その支出した日の属する課税期間において行ったものとして取り扱うこととしており,これは,インボイス制度においても同様の取扱いとされる。

2 具体的事例

令和5年3月決算法人が3月に家賃12か月分(4月から翌年3月)を支払った場合を想定する。

(1) 貸主が適格請求書発行事業者である場合

現行制度と同様,その支出した日の属する課税期間に課税仕入れが行ったものとして取り扱う。

なお,短期前払費用に係る課税仕入れがインボイス発行事業者から行われるものである場合には,その短期前払費用を支出した日の属する課税期間においてインボイスの交付を受けられなかったとしても,事後に交付されるインボイスを保存することを条件として,その短期前払費用として支出して額を基礎として仕入税額控除の適用を受けることとして差し支えない。

(2) 貸主がインボイス発行事業者でない場合

　貸主がインボイス発行事業者の登録をしていない場合には，次のような処理が考えられる。

① 9月までと10月以降に分けて処理する場合

　令和5年3月期において，令和5年4月から9月までの家賃についてのみ仕入税額控除を適用する。

　令和5年10月から令和6年3月までの家賃についての消費税額については仮払金として処理し，令和6年3月期の消費税申告時において仕入税額控除を適用する。この場合，免税事業者からの仕入に係る経過措置の適用により80％部分について仕入税額控除を行う。

② 1年分を処理する場合

　令和5年3月期において，1年分の家賃に係る消費税について仕入税額控除を行う。翌令和6年3月期において，令和5年10月から令和6年3月までの家賃に係る消費税について仕入対価の返還を受けたものとして処理したうえで，改めて免税事業者からの仕入に係る経過措置により80％部分について仕入税額控除を行う。

対　応

　短期前払費用を適用する場合には，その支払先がインボイス発行事業者か否かで取扱いが異なることとなる。現時点ではまだインボイス発行事業者となるかどうか検討している事業者も多くいるため，取引先がインボイス発行事業者であるかどうか逐次確認する必要があるであろう。

（樋之口　毅）

参考文献・判決等

法基通2－2－14, 11－3－8, インボイスQ&A問96,「平成31年（2019年）10月1日以後に行われる資産の譲渡等の適用される消費税率等に関する経過措置の取扱いQ&A問7」

13 資産に係る控除対象外消費税額等の計算

CASE

当社は，毎期課税売上割合が95％を超えていたのですが，当期の課税売上割合は70％になりました。

消費税額の計算後，仮受消費税から仮払消費税，未払消費税を控除したところ（当社では税抜経理方式を採用しています。），多額の消費税差額損が発生しました。

この場合，差額の全ての金額を雑損失としてよいのでしょうか。

検 討

1 控除対象外消費税額等

法人が消費税等の経理方法として税抜経理方式を採用している場合，原則的には納付すべき消費税額は仮受消費税等から仮払消費税等を控除した金額となるが，消費税法上の課税売上割合が95％未満（当課税期間の課税売上高が5億円を超える場合は，課税売上割合が100％未満）の場合には仮払消費税等のうち控除対象とされない部分の消費税額（以下「控除対象外消費税額等」という。）が発生する。

これは，消費税法上「課税仕入れ等に係る消費税等の額」として「課税売上に係る消費税等の額」から控除できるのは課税売上割合に対応した金額に限られるためである。

そこで法人税法では，この控除対象外消費税額等のうち，経費に係るものは損金経理を要件として損金算入が認められ，また，資産に係るものについては，これを「繰延消費税額等」として資産計上し，5年以上の期間で償却することとされている。

そしてその資産に係るもののうち，棚卸資産の場合，又はその他の資産について課税売上割合が80％以上の場合及び一つの資産の価額が20万円未満の場合の三つの場合については，会社の確定した決算においてその資産に係る控除対象外消費税額等を損金経理することを要件として損金算入が認められる。

2 繰延消費税額等の計算方法

資産に係る控除対象外消費税額等のうち棚卸資産以外でその価額が20万

円以上の場合には繰延消費税額等として，その控除対象外消費税額等を60か月に分割し，その事業年度の月数に相当する額を損金に算入する。ただし，その資産を購入した事業年度はその2分の1が損金の額となる。

なお，法人が資産に係る消費税等の経理方法について税込経理方式を適用している場合には，課税期間中の取引は消費税額を含んでいるため，控除対象外消費税額等の調整は必要ない。

また，資産に係る控除対象外消費税額等の全てをその資産の取得価額に算入する経理処理も認められる。

3　交際費等に係る消費税

交際費等に係る消費税等のうち控除対象外消費税額等については，消費税の計算後，経費に係る分として雑損失等と仕訳され損金経理されるが，科目は交際費とはならなくても支出した交際費等として把握し，交際費等の損金不算入の計算が必要になる。

この場合，繰延消費税額等の計算には影響はないが，交際費に係る控除対象外消費税額等の金額を別表十五（交際費等の損金算入に関する明細書）の「支出交際費等の額の明細」欄に記載しなければならない。

対　応

本CASEの場合では課税売上割合が70％であるため，控除対象外消費税額等のうち，棚卸資産以外の資産で取得価額が20万円以上のものに係る消費税額については，繰延消費税額等として，他の消費税差額とは区別して繰延処理しなければならない。

したがって，会計処理上は消費税差額を全額雑損失とすることは可能であるが，法人税の計算においては別表十六㈩にて損金算入限度額を計算してその限度額を超える額については別表四にて超過額を加算することとなる。そして，次期以降5年間にわたりその超過額を認容していく必要がある。

（宮家　一浩）

参考条文・判決等
法令139の4

14 中小企業の所有権移転外ファイナンス・リース取引の会計と税務

CASE

中小企業である当社（年1回3月決算）は，リース会社と4月に下記のとおり，新たに所有権移転外ファイナンス・リース取引を締結し，リース資産の引渡しを受けました。
① リース期間5年（60か月）
② リース料総額330万円（月額5万5,000円）（消費税等の税率は10％）
③ リース料の内訳として賃貸人の取得価額や利息相当額の明示はありません。

当社は従来より，リース取引を行った場合には賃貸借処理を行っており，消費税等の仕入税額控除もリース料を支払った期間に行ってきました。新しいリース会計基準が適用されるようになっても，このような賃貸借処理は認められるのでしょうか。

検 討

1 所有権移転外ファイナンス・リース取引の会計上の取扱い

リース会計基準によれば，ファイナンス・リース取引については，通常の売買取引に係る方法に準じて会計処理を行うことになる。すなわち，借手はリース取引開始日に，リース物件とこれに係る債務をリース資産及びリース債務として計上し，当該リース資産を減価償却を行うことで費用化していくのである。所有権移転外ファイナンス・リース取引に係るリース資産の減価償却費は，原則として，リース期間を耐用年数とし，残存価額をゼロとして算定する。

このようにリース会計基準に従えば，所有権移転外ファイナンス・リース取引について，通常の売買取引に係る方法が強制されることになる。

これに対して，中小企業会計指針では，通常の売買取引に係る方法を原則としながらも，「通常の賃貸借取引に係る方法に準じて会計処理を行うことができる」として，従来の賃貸借処理を容認している。

ただし，通常の賃貸借取引に係る方法に準じて会計処理を行った場合には，未経過リース料を注記（重要性がない取引については，注記を省略す

ることができる。）することになる。

2　所有権移転外ファイナンス・リース取引の税務上の取扱い

　法人税法上，所有権移転外ファイナンス・リース取引は売買取引とされ，賃貸借処理は認められない。つまり，リース取引については減価償却を行わなければ，損金の額に算入されないということである。この場合のリース資産の償却方法はリース期間定額法と規定されている。

　しかし，リース期間定額法による償却費は賃貸借処理の賃借料と金額が原則的に一致し，また，賃借料として損金経理をした金額は償却費として損金経理をした金額に含まれるものとされているので，リース資産の会計処理を賃貸借処理で行っても申告調整は必要ないことになる。

　消費税法上も所有権移転外ファイナンス・リース取引は売買取引とされるので，会計上，賃貸借処理を行っても，リース取引開始日にリース料総額に対応する仮払消費税等を計上し，その課税期間において仕入税額控除を行うのが原則であるが，賃借料について支払うべき日の属する課税期間における課税仕入れとする処理も認められる。

対　応

　本CASEにおいては，従来どおりの賃貸借処理を行っても何も問題はないであろう。つまり，毎月の賃借料5万5,000円をそのまま損金経理（課税仕入れ）すればよいことになる。

　もちろん，リース取引開始日の属する課税期間に消費税額30万円の仕入税額控除を行って，毎月の賃借料5万円を損金経理（不課税）してもその会計処理は認められる。

（玉ノ井　孝一）

参考条文・判決等

中小企業の会計に関する指針75－2～75－4，リース取引に関する会計基準5，8，9，10，12，法法64の2①，法令48の2①六，131の2③，消基通11－3－2（注），国税庁HP 質疑応答事例「所有権移転外ファイナンス・リース取引について賃借人が賃貸借処理した場合の取扱い」

15 中古資産のリースバック取引の税務上の取扱い

CASE

中小企業である当社は，機械管理事務の合理化のため，所有する機械を，いったんリース会社に譲渡し，これを再びリース契約により賃貸借することにしました。

具体的には次のような内容になりますが，どのように処理すればよいのでしょうか。

① 譲渡資産の簿価　　220万円
② 譲渡対価　　　　　200万円
③ リース料合計額　　250万円
④ リース期間　　　　5年間（毎年1回50万円）

検　討

本CASEのように，資産を一度リース会社に譲渡し，直ちにこれをリース契約により賃借することをリースバック取引という。

税務上リースバックの処理は，通常の賃貸借として取り扱われる取引と金銭の賃貸借として取り扱われる取引に区分される。

1 通常の賃貸借として取り扱われる取引

① いまだ事業の用に供していない資産を購入し，その後リースバック契約をする場合は，資産の購入に相当の理由（多種類の資産の購入のため事務の効率化，経済合理性等）があり，かつ，立替金，仮払金等の仮勘定で経理し，購入価格でリース会社に譲渡すること。

② 事業の用に供している資産について，当該資産の管理事務の省力化等のために行われるものであること。

2 金銭の賃貸借として取り扱われる取引

① 金融目的のリース取引で，資産の種類やその取引当事者の意図及び状況に照らし，一連の取引が実質的に金銭の賃貸借と認められる場合。

対　応

本CASEの場合には通常の賃貸借として取り扱われる取引に該当する。なお，通常の賃貸借取引として取り扱われる場合と金銭の賃貸借として取

り扱われる場合の両方について，税務上の処理を仕訳で考えてみると以下のようになる。

1 通常の賃貸借として取り扱われる取引

① 資産をリース会社に譲渡した時

(借) 現金預金　　　　　　200万円　　(貸) 機　　械　　220万円
　　売却損（長期前払費用）20万円

② リース料支払時

(借) リース料　　　　　　50万円　　(貸) 現金預金　　50万円

　税法上，通常の賃貸借取引に該当する場合で，支払ったリース料を損金経理した金額は，償却費として損金経理したものとみなして処理することになる。

　また，合理的な見積対価が明らかに簿価を下回る場合や中途解約可能なリース契約（オペレーティングリース）の場合には，売却損として処理する。ただし，中途解約ができないリース契約（ファイナンスリース）の場合は対価と簿価の差額について長期前払費用として繰延処理をする。

2 金銭の賃貸借として取り扱われるリース取引

① 資産をリース会社に譲渡した時

(借) 現金預金　　　　　　200万円　　(貸) 借 入 金　　200万円

② リース料支払時

(借) 借 入 金　　　　　　40万円　　(貸) 現金預金　金50万円
　　支払利息　　　　　　10万円

　ユーザーが所有する資産を担保にし，リース会社から融資を受けたものと同様であると考えて，税務上の処理をすることになる。

　つまり，資産の売買がなかったものとされ，譲渡により受け入れた金額は借入金（200万円）として取り扱われる。したがって，通常の賃貸借取引のように譲渡損益は認識されないことになる。

　また，リース料の額のうちに元本返済額が均等に含まれているものとして処理しているものとして認められ，上記仕訳のように元本以外の金額を損金として処理する。減価償却については通常どおり所有しているものとして計算する。

(松浪　昭二)

参考条文・判決等

法法64の2，法令131の2，法基通12の5－2－1・12の5－2－2

16 社葬費用と香典の取扱い

CASE

弊社は，創業者である前代表取締役の死去に伴い社葬を執り行いました。この場合，弊社が負担した社葬費用の取扱いと税務上の注意点，列席者から頂戴した香典の処理について教えてください。

検 討

1 はじめに

中小企業などの創業者であり，代表取締役を長年勤めていた会長，相談役などが亡くなったときは，その会社において社葬を執り行うことがある。

2 社葬費用について

(1) 法人税における取扱い

法人が，その役員又は使用人が死亡したため社葬を行い，その費用を負担した場合において，その社葬を行うことが社会通念上相当と認められるときは，その負担した金額のうち社葬のために通常要すると認められる部分の金額は，その支出した日の属する事業年度の損金の額に算入することができる。

(2) 非上場株式の財産評価

取引相場のない株式を評価する場合の純資産価額の計算上控除する負債は，課税時期において現に存する確実なものとされている。葬式費用は，相続開始に伴って発生した費用であり，相続税の計算においても課税価格の計算上控除できることから，評価会社が負担した社葬費用（法人税法上，損金の額に算入される金額に限る。）については，1株当たりの純資産価額の計算上，負債に計上して差し支えないものとされている。

(3) 相続税における取扱い

被相続人にかかる葬式費用は，相続開始時に現存する被相続人の債務ではないが，被相続人の死亡に伴う必然的出費であり，社会通念上も相続財産そのものが担っている負担ともいえることを考慮し，相続税の課税価格の計算上，相続又は遺贈（包括遺贈又は相続人に対する遺贈に限る。）によって取得した財産の価額から，葬式費用を控除する。したがって，社

葬費用のために通常必要と認められる金額以外の金額で，相続人等が負担すべきと考えられる葬式費用は，相続税の債務控除の対象とすることになる。

3 香典について

社葬において，会葬者が持参した香典等を法人の収入としないで，個人の収入とすることは認められる。

そして，社交上必要と認められる香典は，社会的な相互扶助あるいは儀礼的な性格のものであるため，贈与税は課税されない。

また，所得税においても葬祭料，香典で，その金額が社会的地位，贈与者との関係等に照らし社会通念上相当と認められるものについては，所得税は課税されない。これらの取扱いに該当するものについては，個人からのもの，法人からのものを問わず，贈与税も所得税も課税されないことになる。

対 応

1 社葬を行うことが社会通念上相当かどうかの判断基準

死亡した役員，従業員の死亡の事情，生前における会社に対する貢献度合などを総合的に考慮して判断することになる。

2 社葬のために通常要すると認められる部分の金額

密葬費用，墓石，仏壇，位牌等の費用，院号を受けるために支払う費用，法会に要する費用などは個人が負担とすべきものと考えられる。

通常は，お寺，教会，葬儀社及び葬儀会場に支払うお通夜及び会葬のための費用が社葬のために通常要すると認められる金額となる。

3 社葬費用と個人の葬議費用の合理的な区分

葬式費用のうち，全てを社葬費用として法人負担とすることが合理的な場合もあると考えられるが，会葬費用等の一部を個人の葬式費用として考えるべき場合（2参照）もあると思われる。

この場合は，会葬者の数，香典の金額，若しくは現実的な負担のバランスなどを考慮した合理的な基準により区分することになろう。

（出岡　伸和）

参考条文・判決等
法基通9－7－19，相法13①二，相基通21の3－9，所基通9－23

17 党費又は会費の負担及び政治資金パーティー券の購入費用の取扱い

CASE

個人献金を奨励するため,法人がした政党・政治資金団体に対する政治献金は,一般の寄附金として取り扱われ,法人税法上特段の優遇規定が設けられていないことは承知しています。では,法人が党費又は会費を負担した場合及び政治資金パーティー券を購入した場合の法人税法上の取扱いはどのようになりますか。

検 討

1 政治資金規正法上の取扱い

(1) 党費又は会費の負担

党費又は会費は,「政治団体の党則,規約その他これらに相当するものに基づく金銭上の債務の履行としてその政治団体の構成員が負担するもの」とされている。また,寄附は,「金銭,物品その他の財産上の利益の供与又は交付で,党費又は会費その他債務の履行としてされるもの以外のもの」とされ,党費又は会費とは明確に区別されている。したがって,個人が負担する党費又は会費は,寄附には該当せず,政治資金規正法上の制限の対象とはならない。

これに対して,法人その他の団体が負担する党費又は会費は,「寄附とみなす」とされており,寄附の量的・質的制限を受けることになる。なお,会社,労働組合,職員団体その他の団体は,「政党及び政治資金団体以外の者に対しては,政治活動に関する寄附(政治団体に対してされる寄附又は公職の候補者の政治活動(選挙運動を含む。)に関してされる寄附をいいます)をしてはならない」とされている。したがって,会社等が資金管理団体や後援会などの構成員として党費又は会費を負担することはできない。

(2) 政治資金パーティー券の購入

政治資金パーティーとは,「対価を徴収して行われる催物で,その催物の対価に係る収入の金額からその催物に要する経費の金額を差し引いた残額をその催物を開催した者又はその者以外の者の政治活動(選挙活動を含む。これらの者が政治団体である場合には,その活動)に関し支出するこ

ととされているもの」をいい、励ます会、勉強会、セミナーなど全て政治資金パーティーに含まれる。ただし、催物に係る経費の実費額程度を参加者が負担するような場合（政治団体で行う忘年会、研修会など）のように、収益をあげてそれを政治活動のために支出することを目的としないものは、政治資金パーティーには該当しない。なお、政治資金パーティーの対価の支払いは、債務の履行として支払われるものであり、出席を前提としている限りは、政治活動に関する寄附には該当しないが、政治資金として、一定の規制を受けることになる。

2　法人税法の取扱い

法人がした政治団体に対する拠出金については、「事業に直接関係のない者に対して金銭、物品等の贈与をした場合において、それが寄附金であるか交際費等であるかは個々の実態により判定すべきであるが、金銭でした贈与は原則として寄附金とする」とされており、党費又は会費及び政治資金パーティー券の購入費用は、原則として一般の寄附金として取り扱われることになる。

なお、政党又は政治資金団体以外に会社から寄附をした場合には、政治資金規正法違反となる。そのため、その会社からの寄附につき、その政治団体等と関わりがある社長等を通じて個人からの寄附とすることもあるようだが、法人税法上はその社長等への役員報酬として損金不算入の処理をすると考えられる。

対　応

政治資金パーティー券の購入費用については、パーティーに係る実費分である交際費部分とその残りの寄附に当たる部分とが混在していると考えられるが、その区分が明らかに出来ない以上政党等に対する政治献金とみて寄附金として処理するのが一般的である。ただし、パーティーに出席する目的が、その政治家やそのパーティーの出席者との親睦を図り、もって会社経営に資するためであるという場合には、交際費等に該当する余地があるとも考えられる。

（矢野　重明）

参考条文・判決等
政治資金規正法 4 ②③、5 ②、8 の 2、21 ①、措通 61 の 4 (1)− 2

18 「一般管理費その他の費用」並びに「損失」の意義

CASE

税法（法人税法・所得税法）に規定されている売上原価又は販売費は，理解できますが，「一般管理費その他の費用」並びに「損失」については，どのようなことを意味するのかを教えてください。特に一般管理費とその他の費用との関係，並びに費用と損失の相違についても述べてください。

さらに，法人税法と所得税法との間に異なる点があったら説明してください。

検 討

法人税法22条3項は，法人税法の損金の額に算入すべき金額として一般管理費その他の費用又は損失の額を規定している。

「一般管理費その他の費用」は，収益と個別対応で計算することが困難な費用，いわゆる期間費用であると解されている。

したがって，これらの費用については，「当該事業年度の収益に係る」という文言はない。そして，これらの費用については期間費用と正確性という観点から主として支払額により，これらの費用の額を算定する関係上，内部取引である償却費の計上を除いては，債務確定主義によりその費用の額を計上することとされている。

「一般管理費」という用語は必ずしも常識的ではない。しかし，通常一般管理費は，一般管理業務に関して発生した費用といわれている。そこで，"一般"とは何か，"管理業務"とは何か，に分けて述べてみる。"一般"とは，営業活動のうち製造活動及び販売活動を除いた部分，すなわち，製造，販売活動を円滑に遂行するために一般的に必要とされている活動部分をいうものと考えられる。"管理業務"とは，経営者の意思決定に基づく，企業の全般的，継続的な業務を指すものと考えられる。そのように考えると，一般管理費とは製造費，販売費のような明確な機能としての費用ではないが，それらを効果的にするための企業の全般的な運営について発生した費用であると考えられる。また，「その他の費用」とは，期間費用という性格は同一であっても，一般管理費と異なる費用，すなわち，投資活動

等の財務活動に係る財務費用と解され，いわゆる営業外費用がこれに該当するものと判断される。それらを総合して費用とは，企業の営業活動・財務活動の目的である利益追求に貢献する支出としての，価値の相対的喪失であると思われる。これに反し「損失」とは，法人が意図しない不可避的な支出及び資産損失（例：災害損失，貸倒損失）をいうものとされている。そして，これらは収益に対応するものではなく，かつ，単に所得を減少せしめるものであるから，価値の絶対的な喪失と考えられる。そこで，損失が損金となる理由については通常次のようにいわれている。

「法人の目的とするところは剰余そのものであるから剰余のために必要であったかどうかを問わず剰余金を削除するものは本来損金である。しかし，資本主との関係の取引は損益取引ではないので，これを損金から除外するよう規定されている」

対　応

これらを総合判断して考察した場合，「一般管理費その他の費用」は，企業の利益追求に貢献するという目的のために支出するという目的費用であるのに対して，「損失」は，企業経営上の不可避的な支出及び資産損失であって，企業利益に貢献する目的を有せず，かえって企業利益を減少する性格を有しているので，非目的費用ということができる。したがって，法人税法は，これらの費用の性格に基づいて，目的費用についても，企業の利益追求に関係の薄い費用を別段の定めで損金不算入（例：寄附金）として規定している。また，非目的費用としての利益処分は資本等取引として損金不算入としている。

なお，所得税法は原則的に目的費用のみを必要経費と規定しているので，非目的費用である損失は本質的には必要経費に含まないことと規定し，別段の定めで，きわめて制限列挙的に必要経費に算入するように規定されている。

(右山　昌一郎)

参考条文・判決等
所法37, 51, 法法22③⑤

19 中小企業倒産防止共済

CASE
小規模事業者が節税対策として中小企業倒産防止共済へ加入する場合の留意点を教えてください。

検討

1 中小企業倒産防止共済とは

中小企業倒産防止共済制度は，中小企業基盤整備機構が運営する共済で，取引先事業者が倒産した際に，中小企業が連鎖倒産や経営難に陥ることを防ぐための制度である。取引先の倒産により売掛金債権等が回収困難になった場合には，無担保・無保証で支払済掛金の10倍（上限8,000万円）まで借入れができる。

2 共済契約の掛金

倒産防止共済の掛金は月額5千円から20万円まで，5千円単位で自由に設定できる。掛金は途中で増額又は減額することも可能で，支払総額が800万円に達するまでかけることができる。

掛金は全額損金又は必要経費に算入されるので，節税対策として利用されるケースも多い。掛金を前払いすることも可能で，例えば年度末に1年分の掛金（最大240万円）を支払えば，その全額を支払った年度の損金または必要経費に算入することができる。ただし，解約後に再契約した場合には，解約後2年間に支払った掛金は損金又は必要経費にはならない（令和6年10月1日以後の解約）。

また，個人の必要経費にできるのは事業所得に限定されており，不動産所得等の必要経費にすることはできないので注意したい。

3 解約手当金

倒産防止共済は任意に解約することができ，解約の際は解約手当金を受け取ることができる。この解約手当金は，法人の益金又は個人の事業所得の総収入金額として処理する。40か月以上加入していれば解約手当金の返戻率は100％になる。40か月未満の解約手当金の返戻率は以下のとおり。

　　加入期間12か月未満 0％
　　加入期間12か月以上24か月未満80％

加入期間24か月以上30か月未満85％
加入期間30か月以上36か月未満90％
加入期間36か月以上40か月未満95％

対　応

1　明細書の添付

　掛金を必要経費に算入するためには，申告書に明細書を添付する必要がある。法人の場合には別表10(6)の「特定の基金に対する負担金等の損金算入に関する明細書」欄に記載する。個人の確定申告では，次の明細書を作成して添付することになる。

特定の基金に対する負担金等の必要経費算入に関する明細書

基金に係る法人名	①				
基金の名称	②				
告示番号	③	第　号	第　号	第　号	第　号
当年に支出した負担金等の額	④	円	円	円	円
同上のうち必要経費に算入した額	⑤				

2　留意点

　前述のとおり，取引先の倒産により売掛金債権等が回収困難になった場合には，無担保・無保証人で支払済掛金の10倍まで借入れができる。借入れは無利息だが，借入額の10％にあたる額が支払済掛金から控除され，次回借入れをする際はその分の借入枠が減少する。

　さらに，控除された10％の掛金は，解約手当金の権利も失われてしまう。例えば，取引先の倒産で売掛金の回収が困難となり800万円の借入をした場合には，80万円が支払済掛金から減額され，将来解約した際に本来受け取れるはずの解約手当金が80万円減ってしまう（返礼率100％の場合）。実質的には10％の利息を前払いしているようなものである。倒産防止共済の借入れを検討する際はこの点を考慮し，安易な借入れをしないようにしたい。

（中川　祐一）

参考条文・判決等
措法28，66の11，措通28－3，66の11－3

20 解約返戻金のある定期保険及び第三分野保険の支払保険料

CASE

令和元年税制改正では，定期保険及び第三分野保険の取扱いが，保険商品ごとに取扱いを定めるのではなく，解約返戻率（解約時の支払保険料の累計額に占める解約返戻金の額の割合）を用い，資産計上額の計算や，その取崩しによる損金算入の時期が定められました。その内容について教えてください。

検 討

法人が自己を契約者とし，役員又は使用人（これらの者の親族を含む。）を被保険者とする定期保険又は第三分野保険に加入してその保険料を支払った場合には，次に掲げる区分に応じ，それぞれ次により取り扱う。

1 保険期間が３年未満又は最高解約返戻率が50％以下の場合

期間の経過に応じて損金算入する。

2 最高解約返戻率が50％超から70％以下の場合

(1) 一の被保険者の年換算保険料相当額（その保険の保険料の総額を保険期間の年数で除した金額）が30万円以下である場合

期間の経過に応じて損金算入する。

(2) (1)以外の場合

① 保険期間開始の日から保険期間の100分の40に相当する期間を経過するまで

資産計上額＝支払保険料のうち当該事業年度に対応する部分の金額（以下当期分支払保険料の額という。）×40／100

② 保険期間の100分の75に相当期間の経過後

資産計上額の累積額を均等に取り崩して損金算入する。

3 最高解約返戻率70％超から85％以下の場合

(1) 保険期間開始の日から保険期間の100分の40相当期間を経過するまで

資産計上額＝当期分支払保険料の額×60／100

(2) 保険期間の100分の75相当期間経過後

資産計上した額の累積額を均等に取り崩して損金算入する。

4 最高解約返戻率85%超の場合

(1) 保険期間開始の日から最高解約返戻率となる期間の終了の日までの期間

資産計上額＝当期分支払保険料の額×最高解約返戻率×70／100

（注） 解約返戻金相当額の増加額が年換算保険料の額の70％相当額を超える期間がある場合にはその超えることとなる期間。

(2) 保険期間開始の日から10年を経過する日までの期間

資産計上額＝当期分支払保険料の額×最高解約返戻率×90／100

（注） 資産計上期間が５年未満となる場合は保険期間開始の日から５年を経過する日までを資産計上期間とする。保険期間が10年未満であるときは保険期間の100分の50相当期間を経過する日までを資産計上期間とする。

(3) 解約返戻金相当額が最も高い金額となる期間経過後

資産計上額の累積額を均等に取り崩して損金算入する。

対 応

改正前では，外資系の保険会社における多様化する保険商品の取扱いが個別通達等に該当するか否か，又は明らかでない等の問題点があったが，今回の改正により最高解約返戻率に応じた計算方法が明確になり，簡便的に計算が行えることとなった。

なお，この改正は令和元年７月８日以後の契約に係る保険料について適用され，同日前の契約については従前の例による。

（守屋　みゆき）

参考条文・判決等
法基通９－３－５，９－３－５の２

21 養老保険を払済保険に変更した場合の取扱い

CASE

当社では，社長を被保険者，死亡及び満期保険金受取人を当社とする養老保険を契約しており，毎月保険料を支払っております。今回この養老保険を払済保険に変更することで，経費節減を図る予定ですが，その際の税務上の取扱いを教えてください。

検 討

1 養老保険及び払済保険の意義

養老保険とは，被保険者の死亡又は生存を保険事故とする積立型の生命保険である。養老保険は満期保険金がある分，定期保険等に比べて保険料が高く設定されている。法人が養老保険に加入するのは，万一の場合の保障と貯蓄という二つの目的からであると考えられるが，保険料が高い分その支払が法人にとって負担になる場合がある。

そのような場合に，保険を解約するのではなく，保険料の支払を止めて，元の契約の保険期間を変えずに元の契約と同種の保険に変更する制度を払済保険という（当然のことながら，保険金は元の契約より少なくなる。）。

2 養老保険の保険料の取扱い

法人契約(法人が保険料を負担)の養老保険の保険料の取扱いは次のとおり。

(1) 被保険者が役員又は特定の使用人（これらの者の親族を含む。）のみではない場合

保険金等受取人		保険料の取扱い
満期保険金	死亡保険金	
法人	法人	資産計上
法人	従業員の遺族	2分の1資産計上 2分の1損金算入
従業員	従業員の遺族	従業員に対する給与[注]（源泉徴収必要）

（注）　役員給与となる場合，法人が経常的に負担するものは，定期同額給与に該当する（(2)も同様）。

(2) 被保険者が役員又は特定の使用人（これらの者の親族を含む。）のみの場合

| 保険金等受取人 ||保険料の取扱い|
満期保険金	死亡保険金	
法人	法人資産計上	
法人	特定の従業員の遺族	2分の1　資産計上 2分の1　特定の従業員に対する給与 （源泉徴収必要）
特定の従業員	特定の従業員の遺族	特定の従業員に対する給与 （源泉徴収必要）

3　払済保険に変更した場合の取扱い

(1)　満期保険金及び死亡保険金の受取りがともに法人の場合

　これまで資産に計上されてきた金額を取り崩し，あらためて払済時の解約返戻金のうち払済保険料に充当される金額を資産に計上する。差額部分は変更した事業年度の益金の額又は損金の額に算入する。

(2)　満期保険金の受取りが法人で，死亡保険金の受取りが役員又は従業員の遺族の場合

　これまで資産に計上されてきた金額を取崩し，あらためて払済時の解約返戻金のうち払済保険料に充当される金額を資産に計上する。差額部分は変更した事業年度の益金の額又は損金の額に算入する。これまで損金算入されてきた2分の1の部分については，特別に処理を要しない。

(3)　満期保険金及び死亡保険金の受取りがともに役員及び従業員又はその遺族の場合

　法人がこれまで支払ってきた保険料については，すでに給与として処理されているので，特別に処理を要しない。

対　応

　養老保険から同種類の払済保険に変更した場合には，上記のような取扱いを適用せずに，既往の資産計上額を保険事故の発生又は解約失効等により契約が終了するまで計上しているときは，これが認められる。

　なお，定期保険又は第三分野保険を同種類の払済保険に変更した場合は，養老保険の変更の場合以上の注意が必要となる。

（玉ノ井　孝一）

参考条文・判決等
法基通9－2－11(5)，9－3－4，9－3－7の2

22 公益法人等が補助金等を受けた場合の消費税の取扱い

CASE

社会福祉法人が補助金を受けました。その場合の消費税の取扱いについて留意すべきことを教えてください。

検 討

　公益法人等は，社会福祉法人に代表されるように，きわめて公益性を求められる事業を行っている。主な財源は，会費，補助金，助成金，寄附金などの対価性のない収入としている。

1　対価性のない収入の留意点

　対価性のない収入のうち，課税仕入れ等の税額の調整計算を必要とする収入を，特定収入という。つまり，対価性のない収入全てが調整計算を必要としていない。特定収入から除かれる収入は，借入金・出資金・預金，貯金及び預り金などである。特に，法令又は交付要綱等により，特定支出のためにのみ使用する収入についても特定収入から除かれるので，要綱等の内容を確認する必要がある。

　法令又は交付要綱等とは，補助金等の使途を明らかにした文書で，交付要綱，交付決定書，実績報告書，実績報告書などがある。

2　特定収入の例示

　特定収入は，租税，補助金，交付金，寄附金，出資に対する配当金，保険金，損害賠償金，資産の譲渡等の対価に該当しない負担金，他会計からの繰入金，会費等，喜捨金等などがある。特定収入は，その金額の全てが課税仕入れ等の支出のみ充てるもの以外に，特定収入のうち一定の金額が課税仕入れ等に充てられるものも含む。

3　補助金の使途の特定

　補助金等の使途は，法令又は交付要綱等で明らかにされている場合は，それによるものとされている。法令又は交付要綱等により使途が明確に特定されていない補助金等で，その使途が大枠で判断できる場合，その大枠の範囲内で合理的な計算方法によりその使途を細かく特定していく。その場合，補助金等を交付した国等が補助金等の使途を明らかにした文書を確

定申告書と一緒に所轄税務署長に提出することになる。
4　特定収入に該当しない寄附金
　特定支出のために使用される寄附金で，以下の要件の全てを満たすことが，その寄附金の募集文書で確認でき，公益社団法人及び公益財団法人の認定等に関する法律第3条に規定する行政庁の確認を受けているものは，特定収入に該当しない取扱いとなる。
① 特定の活動に係る特定支出のために使用されること
② 期間を限定して募集されること
③ 他の資金と明確に区分して管理されること
5　仕入税額控除の調整が必要でない場合
　簡易課税制度を選択している場合又は特定収入割合が5％以下である場合は，調整計算は必要がない。
6　仕入税額控除の調整計算
　公益法人等は，全体の収入を消費税法の規定により分類し，対価性のない収入のうち特定収入を確定し，同時に，課税仕入れ等も特定収入で取得したものを所定の計算により確定させる。

対　応

　消費税法における仕入税額控除とは，消費税の課税売上に係る消費税から課税仕入れに係る消費税を控除することであり，消費税の課税事業者は，課税売上と課税仕入れとで算出した消費税の差額を納税する。このように対価性のない収入により得られる課税仕入れ等は，最終消費の性格をもつものと考えられている。対価性のない収入で得た課税仕入れ等に係る税額を，課税売上に係る消費税の額から控除する仕入税額控除として取り扱うことは妥当ではない。そこで，公益法人等では，補助金等など対価性のない収入により得られる課税仕入れ等に係る税額については，調整計算を行い，仕入税額控除の対象から除外することになるので，実務上留意が必要である。

（中川　貞枝）

参考条文・判決等
　消法60③④，消令75①③④，消基通16－2－1，16－2－2，16－2－3

III 棚卸資産・減価償却資産・繰延資産

23 不動産仲介手数料の取得価額算入の要否

CASE

不動産を購入した場合には，不動産業者に仲介手数料を支払わなければならないそうですが，その手数料基準と税務上の取扱いはどのようになっていますか。

検 討

1．仲介手数料の概要

不動産の売買や貸借を行う場合には，不動産業者（宅地建物取引業者）に対して仲介手数料として，次のような報酬額が支払われている。

① 宅地，建物の売買・交換の媒介手数料（売買代金）
　　・200万円以下の部分　　　5％
　　・200～400万円以下の部分　4％
　　・400万円を超える部分　　3％
② 貸借の媒介手数料
　　・居住の用に供する建物　　半月分（借主と貸主合わせて家賃の1
　　　　　　　　　　　　　　　か月分が上限）
　　・居住の用に供する建物以外の宅地・建物　1か月分

仲介手数料を支払った場合は，その支出の態様に応じて，それぞれ次のように取り扱われる。

2．仲介手数料を支出した場合

(1) 購入の場合

① 棚卸資産

主として不動産業者が考えられるが，購入した棚卸資産の取得価額は，その資産の購入代価（引取運賃，荷役費，運送保険料，購入手数料，関税その他その資産の購入のために要した費用がある場合には，その費用の額を加算した金額。以下同じ。）とその資産を消費し又は販売の用に供するため直接要した費用の額の合計額とされている。したがって，仲介手数料は取得価額に算入される。

② 固定資産

購入した固定資産の取得価額は，その資産の購入の代価とその資産を事

業の用に供するために直接要した費用の額の合計額とされている。したがって，仲介手数料は取得価額に算入される。
(2) 賃借の場合
　建物の賃借に際して，支払った仲介手数料の額は，その支払った日の属する事業年度の損金の額に算入する。
3．棚卸資産のうち損金算入できる費用
(1) 棚卸資産購入時に消費，販売のため直接要した費用も取得価額に算入するが，買入事務，検収，整理，選別等の費用，移管のための運賃，荷造費等の費用，長期保管費用については，費用として損金に計上することができる。少額とはこれらの費用の合計額が購入代金のおおむね3％以内とされている。
(2) その他の費用
　①不動産取得税の額，②固定資産税及び都市計画税の額，③登録免許税その他登記，登録に要する費用の額，④借入金の利子の額など

対　応

　税法上の繰延資産の支出金額は，建物を賃借するために支出する権利金，立退料その他の費用とされている。かつて建物の賃借に際して不動産業者等に支払う仲介手数料が繰延資産に含まれるか否かについて実務上の疑問があったのであるが，この点について，仲介手数料が権利金等と同様に建物を賃借するために直接要する費用であり，またこれにより建物の賃借というサービスを将来にわたって受けることができるのであるから，繰延資産として償却すべきであるという見解であった。

　しかし，一般に建物の賃借に際して支払う仲介手数料の額は，前述のように，宅地建物取引業法の規定により，1か月分の賃借料に相当する金額にすぎない。そこで，年間その12倍に相当する賃借料が期間費用として経費処理されるのに，わずか1か月分に相当する仲介手数料の額を繰延資産として繰り延べることを要求するのは，重要性といった観点からみてもやや実情に合わないとの趣旨から，建物の賃借に際して支払った仲介手数料の額は，損金の額に算入することとされた。　　　　　（田久保　知子）

参考条文・判決等
法令32，54，法基通5－1－1，5－1－1の2

24 新設法人における減価償却の償却率

CASE

当社は1年決算の新設法人です。設立第1期は減価償却の償却率が通常の場合と異なると聞きましたが、具体的にどのように異なるのですか。

検 討

　減価償却の計算の基礎となる償却率については、定率法、定額法の区分に応じて耐用年数省令「別表七から十」に定められているが、これは事業年度が1年である場合の償却率である。したがって、償却の基礎となる事業年度が1年である場合には、この率をそのまま適用すればよいのであるが、事業年度の月数が1年未満であるときは、これをその事業年度の月数に換算しなければならない。

　1年決算の新設法人の設立第1期は、事業年度が1年に満たない場合がほとんどである。この場合の償却限度額の計算にあたっては、事業年度が1年に満たない場合の償却率を適用することになる。そこで、このような場合は、償却方法ごとに次のようにして償却率を求めることとされている。

1　平成19年4月1日以後に取得した減価償却資産

　定額法及び定率法ともに、その減価償却資産の耐用年数について定められている定額法及び定率法による償却率に、その事業年度の月数を乗じ、これを12分した割合（その数に小数点以下3位未満の端数があるときは、その端数は切り上げる。）による。

2　平成19年3月31日以前に取得した減価償却資産

(1)　旧定額法

　1と同様の方法により計算した割合による。

(2)　旧定率法

　その減価償却資産の耐用年数を12倍し、これをその事業年度の月数で除して得た耐用年数に対応する減価償却資産の旧定率法の償却率（その数に小数点以下3位未満の端数があるときは、その端数は切り上げる。）。

　旧定率法のみ異なった方法で計算し直すというのは、定率法は何回償却すれば残存価額に達するかという方法であるから、例えば、事業年度が半

分の場合には，償却回数が，事業年度が1年の場合の2倍となる。
　したがって，耐用年数の別表より求めた耐用年数を2倍にしたものに対応する償却率によることになるのである。しかし，定率法の償却率については，平成19年4月1日から平成24年3月31日までの間に取得をした減価償却資産は，定額法の2.5倍とされ，平成24年4月1日以後の取得については，定額法の2.0倍として定められているため，事業年度が1年未満の場合には，いずれの償却率についても，その償却率を月数按分した償却率によることとなっている。
　償却額の限度額計算については，もう1つ一括償却資産について注意が必要である。一括償却資産の償却限度額は以下の算式で算出することとなっている。

（算　式）

　　一括償却対象額 ×（当該事業年度の月数÷36）

　通常1年決算法人の場合であれば，期中のどの時点で一括償却資産の取得をしたとしても，その取得価額を3で除した金額が償却限度額となり，月数按分の必要はない。しかし，設立第1期では，まず1月当たりの償却限度額を算出し，それに設立第1期の月数を乗ずることによる償却限度額の月数按分による算出が必要となってくる。

対　応

　本CASEのような設立第1期の新設法人で，事業年度が1年未満の場合は，償却限度額のみならず，少額減価償却資産の損金算入限度額，寄附金の損金算入限度額や地方税における均等割額など，月数按分が必要な項目が多々あると思われることから，通常の事業年度以上に決算時には注意が必要である。

（焼山　良太）

参考条文・判決等
耐令4②，5②⑤

25 建物の「資本的支出」と「資産の取得」との区分

CASE

A社は令和4年5月に自社ビルが手狭になったのでこれまでの構造と同じ内容で屋上に1フロアを増階し、5階建てにしました。この増階部分について旧定率法を採用できますか。

なお、本体建物は平成10年3月31日以前に取得したもので旧定率法を採用しています。

検 討

本体資産に修理・改良・改造等を行った支出が「資本的支出」になるか、それとも「資産の取得」になるかによって、課税所得に影響を与えるケースがある。

平成10年度の税制改正で、平成10年4月1日以後に取得する建物の償却方法は旧定額法（平成19年4月1日以後は定額法）が強制された。このため、増階部分が資本的支出であれば、本体建物の償却方法で償却計算を行うことになるので、従前どおり旧定率法を採用することができる。

しかし、資産の取得となった場合は、この改正が適用され、旧定額法（平成19年4月1日以後は定額法）によって償却計算を行うことになる。「資本的支出」も「資産の取得」も本体資産に対する支出という点では共通しているが、前者は、固定資産の価値を高め、又はその耐久性を増すものとされている。具体的には、①物理的に付加した部分、②用途変更により改造した部分、③通常の取替えを超える部分で質的な支出を意味する。

これに対し、後者は、①建物の増築・増階、②機械装置の増設、③構築物の拡張・延長等、の量的な支出で、両者は支出の内容で区分することができる。

そこで、本CASEにある増階した5階部分であるが、これは、物理的に付加した部分というよりも、1フロアの増階というように量的増加を伴う支出であり、資産の部分的取得と判断される。

したがって、この5階部分は資産の取得に該当するので旧定率法によって償却することはできず、平成19年4月1日以後に取得した建物なので、定額法によって償却計算を行うことになる。

対 応

　下表は建物の資本的支出と資産の取得の取扱いを比較したものである。主に償却計算に関係するが，特定資産の買換えの圧縮記帳のように，本CASEとは反対に資産の取得に該当すると実益が生ずることもある。

　本来，資本的支出は，修繕費との区分上規定されているものであるが，新たな資産の取得に該当する量的支出は資本的支出の規定を待つまでもなく資産の取得となる。両者を混同して取扱いを誤らないよう留意したい。

資本的支出と資産の取得の比較

区　分	資本的支出（質的支出）	資産の取得（量的支出）
内　容	修理，改良等のうち固定資産の価値を高め又はその耐久性を増すこと 物理的に付加した部分 用途変更により改造した部分 通常の取替えを超える部分	建物の増築・増階 機械装置の増設 構築物の拡張・延長等
取得価額	（原則）本体資産と区分して，新たな資産として取得価額を計算する （旧定額法，旧定率法の特例）本体資産の取得価額に加算することができる	本体資産と区分して，新たな資産として取得価額を計算する
本体資産が平成10年3月31日以前取得の建物で旧定率法を適用している場合	旧定率法可	旧定率法不可
収用等の場合の課税の特例	代替資産の取得になる	代替資産の取得になる
特定資産の買換えの圧縮記帳	原則として買換資産の取得にならない	買換資産の取得になる

（在原　一憲）

参考条文・判決等

　法令48①，55①②，法基通7－8－1，7－8－2，措通64(3)－3の2，65の7(1)－12

26 「資本的支出と修繕費の区分」と粉飾との関係

CASE

減価償却資産を取得使用し，しばらく経って修繕費として支出することがあります。このような支出について税務調査で，資産計上し減価償却すべきものではと指摘されました。逆に別な場面では資産計上したところ公認会計士監査で，資産計上は誤りで修繕費との指摘を受けました。事後的支出の判断はどのようにすれば良いのでしょうか。

検　討

「資本的支出と修繕費の区分」について，税務上問題となることは少なくない。特に税務調査において修繕費として処理が資本的支出ではとの指摘を受け，過少申告による修正申告を行うことも多いと思われる。

その一方，財務諸表において，費用として修繕費とすべきものを資産計上した場合には，「粉飾決算」ということもある。

修正申告も粉飾決算もその発生は，社会的な問題で，場合によって，ペナルティーの対象となる。その両者の関係を法人を前提に取り上げる。

1　資本的支出と修繕費

資本的支出も修繕費（収益的支出）も，事後的な支出である。これを資産に計上して減価償却という仕組みを使って数年間にわたり費用化（資本的支出）するのか，一時に費用化（修繕費）するのかが問題である。会計上では積極的明確な基準がなく，税法上規定があるためそれに従うことになる。

(1)　資本的支出

法人税法施行令第132条では，「修理，改良その他いずれの名義をもってするかを問わず」として，通常の管理又は修理をするものとした場合に予測される①使用可能期間を延長，②支出時の価値を増加の２つを資本的支出としている。

また，具体的な例示が法人税基本通達７－８－１に示されている。この基本通達に示されているようなものは資本的支出と判断しやすいものと言えるが，それ以外ではその支出の効果が，たとい予測であったとしても使用可能期間を延長させたり，増加させると判断するのは難しいと言えよう。

(2) 修繕費

修繕費についても，法人税基本通達7－8－2において「通常の維持管理のため，又はき損した固定資産につきその原状を回復するために要したと認められる部分の金額が修繕費」として例示されている。

「通常の維持管理のため」というのは，「き損した」，「原状回復」とは異なるため，その資産が壊れていない場合でも，壊れないように現状維持するためのもので，資本的支出でなければ，修繕費ということになる。

2 重要性の原則

資本的支出であるか，修繕費であるかの判断は，手間を要したり，困難である。そこで，税法ではその点を考慮して重要性の原則的な定めが用意されている。重要性の原則は，会計上重要性の乏しいものについては，本来の厳密な会計処理によらないで他の簡便な方法によることも正規の簿記の原則に従った処理として認められるということである。

税法上の資本的支出と修繕費の区分についての重要性の原則は，大きく分けて2段階である。

第一段階は，少額又は周期が短い費用については，その内容に関係なく，修繕費として損金経理をすることができることとしている。

第二段階は，資本的支出であるか修繕費であるか明らかでない場合の取扱いを設けている。

3 粉飾

粉飾は，会計上，不正の財務報告のことを意味する。つまり，財務諸表の虚偽の表示である。財務諸表の虚偽表示は，その原因が意図的か否かで不正か誤謬かとなる。粉飾決算は不正によって生ずることになる。

本来，修繕費とすべきものを資本的支出として計上した場合，資産及び利益を過大計上されるため粉飾となる可能性がある。誤謬が原因であれば粉飾ではないが，財務諸表の虚偽表示になりうる。

対 応

資本的支出を修繕費として計上することは，修正申告事項であるが，逆に修繕費を資本的支出として計上することは，粉飾ではないにしても財務諸表の虚偽表示となる。資本的支出の要件である使用可能期間の延長や価値の増加の確証は相当困難であると実感することがある。　　（森田　純弘）

参考文献・判決等
法令132，法基通7－8－1～7－8－5

27 中小企業投資促進税制のソフトウェアの組合せ

CASE

中小企業である当社は，ISO／IEC15408認証製品であるデータベース管理ソフトウェアとともにこのデータベース管理ソフトウェアの機能を利用するアプリケーションソフトウェア（ERP，CRM，SCMなど）を取得しました。今回導入したデータベース管理ソフトウェアはISO／IEC15408認証製品であるものの，アプリケーションソフトウェアはISO／IEC15408認証製品ではありません。この場合，中小企業投資促進税制が適用されるのは，データベース管理ソフトウェアだけとなってしまいますか。

検 討

1 適用対象資産

この制度の適用対象資産となるソフトウェアからはサーバー用オペレーティングシステム，サーバー用仮想化ソフトウェア，データベース管理ソフトウェア，連携ソフトウェア，不正アクセス防御ソフトウェアで，「国際標準化機構及び国際電気標準会議の規格15408に基づき評価及び認証」されていないものが除かれている。

なお，適用対象資産の取得価額の合計額要件は70万円以上とされている。

2 データベース管理ソフトウェアとの組合せ

ISO／IEC15408認証製品であるデータベース管理ソフトウェアと，このデータベース管理ソフトウェアに係るデータベースを構成する情報を加工する機能を有するアプリケーションソフトウェア（ERP，CRM，SCM等）は，ともに適用対象資産として取り扱われることになる。

この組合せの適用対象資産について留意すべき点は，たとえこのアプリケーションソフトウェアへの投資が多額になる場合であっても，ISO／IEC15408認証製品であるデータベース管理ソフトウェアを導入するならば，アプリケーションソフトウェアを含んだ全体が適用対象になることである。

反対に，ISO／IEC15408認証製品でないデータベース管理ソフトウェアを導入してしまうと，データベース管理ソフトウェアだけでなく，アプリケーションソフトウェアについても適用対象とならなくなるので，データ

ベース管理ソフトウェアの選定には慎重を期したい。

　なお，アプリケーションソフトウェアについては，ISO／IEC15408認証製品であることは求められていない。

対　応

　これまで述べてきたISO／IEC15408認証製品については，製品名の途中までは同一にもかかわらず，バージョンの違いによってISO／IEC15408認証製品に該当しないケースもあるようである。

　そこで，ISO／IEC15408認証製品に該当するか否かを把握する際には，独立行政法人情報処理推進機構のホームページで公表されている認証製品リストも参考にしつつ，最終的には販売元へ確認することが必要となる。特に，データベース管理ソフトウェアはISO／IEC15408認証製品を選定することでアプリケーションソフトウェアを含めた投資額全体へ及ぼす影響が大きくなるので慎重な事前検討が欠かせない。

　中小企業においても情報セキュリティ強化に向けた取組みは今や不可欠なものとなってきている。設備投資計画の内容を的確に捉えた上で，適用対象資産の組合せと設備投資時期との検討を行い，この制度の有効活用を図りたい。

（杉山　一紀）

参考条文・判決等
措法42の6，措令27の6，措規20の3

28 中古資産を購入した場合の減価償却

CASE

当社は,中古の機械及び装置を取得し事業の用に供しました。この場合取得した資産について採用すべき耐用年数はいつどのように算定すればよいのでしょうか。なお,取得した資産に資本的支出をした場合について注意すべき点があれば教えてください。

検 討

　中古の機械及び装置を取得して事業の用に供したときに,見積法又は簡便法による耐用年数を採用することになる。
1　機械及び装置の耐用年数
　機械及び装置の耐用年数の適用については,機械及び装置を別表第二,別表第五又は別表六に属するもの(別表第二に属する機械及び装置については,更に設備の種類ごとに区分し,その耐用年数を適用する。)。
2　中古資産の耐用年数
　中古資産の耐用年数は,下記(1)又(2)による。
(1)　見積法
　その資産をその用に供したとき以後の使用可能期間
(2)　簡便法
　①　中古資産の耐用年数
　　イ　法定耐用全部を経過
　　　法定耐用年数×20%
　　ロ　法定耐用年数の一部を経過
　　　(法定耐用年数－経過年数)＋法定耐用年数×20%
　(注)　算出した年数に1年未満の端数があるときは,その端数を切り捨て,その年数が2年に満たない場合には2年とする。
　②　見積法及び簡便法の適用
　　中古資産について見積法及び簡便法による耐用年数の算定は,その事業の用に供した事業年度においてすることができるのであるから当該事業年度にその算定をしなかったときは,原則としてその後の事業年度に

おいてはその算定をすることができない。
③ 見積法及び簡便法を適用することができない場合
　その減価償却資産を事業の用に供するために支出した資本的支出の金額がその減価償却資産の再取得価額の100分の50に相当する金額を超えるときは，当該減価償却資産については，法定耐用年数による。
④ 中古資産に資本的支出をした後の耐用年数
　上記③の取扱いは，法人が見積法及び簡便法により算定した耐用年数により減価償却を行っている中古資産に各事業年度において資本的支出を行った場合に，一の計画に基づいて支出した資本的支出の金額の合計額又は当該各事業年度中に支出した資本的支出の金額の合計額が，当該減価償却資産の再取得価額の100分の50に相当する金額を超えるときにおける当該減価償却資産及びこれらの資本的支出の当該事業年度における資本的支出をした後の減価償却について準用する。
⑤ 中古資産の耐用年数の見積もりが困難な場合
　中古資産の耐用年数の見積もりが困難な場合とは，その見積もりのために必要な資料がないため技術者等が積極的に特別の調査をしなければならないこと又は耐用年数の見積もりに多額の費用を要すると認められることにより使用可能期間の年数を見積もることが困難な減価償却資産をいう。
⑥ 経過年数が不明な場合
　法人がその有する中古資産に適用する耐用年数を簡便法により計算する場合において，その資産の経過年数が不明なときは，その構造，形式，表示されている制作の時期等を勘案してその経過年数を適正に見積もることとされる。

対　応

　中古資産を取得した場合の耐用年数の見積法又は簡便法を採用することによって早期に減価償却することが可能になるが，一定の資本的支出がある場合には，本来の法定耐用年数を採用しなければならないので，資本的支出の範囲について精査する必要があるので留意が必要である。　　（徳丸　親一）

参考文献・判決等
耐令3①②，耐通1－4－1，1－5－1～1－5－5

29 少額減価償却資産の特例からの貸付資産の除外

CASE

当社では，今期において多額の利益が発生しているため，節税を主な目的として次のような貸付事業を行おうと考えております。なお，この貸付事業については専任の担当者を置くことはなく，今後さらに事業を拡大する計画もありません。
① 建設用足場を購入（単価10万円未満，購入金額1,000万円）
② 建設用足場を建設会社へ貸し付け
購入した建設用足場の単価は10万円未満のため，少額の減価償却資産の取得価額の損金算入の規定を適用し，購入金額1,000万円全額を損金の額に算入するつもりですが，問題はありますでしょうか。

検 討

1 少額減価償却資産の特例の対象資産からの除外

令和4年度税制改正により，令和4年4月1日以後に取得等する減価償却資産のうち，貸付けの用に供するものについては，原則として，下記に掲げる規定の対象資産から除外されることとなった。
① 少額の減価償却資産の取得価額の損金算入
② 一括償却資産の損金算入
③ 中小企業者等の少額減価償却資産の取得価額の損金算入の特例

2 貸付資産のうち対象資産から除外されないもの

貸付資産であっても，主要な事業として行われる貸付けの用に供されるものについては，上記1①～③の規定の対象資産から除外されない。
この場合において，次に掲げる資産の貸付けは，主要な事業として行われる貸付けに該当するものとする。
① 法人が特定関係（事業を実質的に支配する等の一定の関係）のある法人の事業の管理及び運営を行う場合におけるその法人に対する資産の貸付け
〈具体例〉企業グループの管理運営を行う親法人その他グループ内の法人が，グループ内の他の法人に対して行う事務機器等の貸付けなど。
② 法人に対して資産の譲渡又は役務の提供を行う者のその資産の譲渡又は役務の提供の事業の用に専ら供する資産の貸付け

〈具体例〉製造業を営む法人が,自己の下請け業者等に対して行う専らその製造業を営む法人のためにする製品の加工等の用に供される機械等の貸付けなど。

③ 継続的に法人の経営資源(事業の用に供される設備,事業に関する従業者の有する技能又は知識,その他これらに準ずるもの)を活用して行い,又は行うことが見込まれる事業としての資産の貸付け
〈具体例〉事業を行うにあたっては,その事業のための資産や従業員の技能等が必要となることから,通常の事業としての貸付けであれば,おおむね経営資源を活用して行うものに該当(注)
(注) 貸付けの目的物及び租税に関する知識のみで行われるようなものは,法人税の負担軽減のために行われる貸付けと認められることから,この類型から除外される。

④ 法人が行う主要な事業に付随して行う資産の貸付け
〈具体例〉不動産販売業等を営む法人が,その販売した建物等の販売先に対して行うその建物等の附属設備の貸付けなど。

3 主要な事業として行われる貸付けに該当しないもの

上記2に該当する貸付けであっても,資産の貸付け後に譲渡人(法人に対してその資産を譲渡した者)その他の者が,その資産を買い取り,又はその資産を第三者に買い取らせることを斡旋する旨の契約が締結されている場合で,その貸付けの対価の額及びその資産の買取りの対価の額の合計額が,その法人のその資産の取得価額のおおむね90%を超えるときは,主要な事業として行われる貸付けに該当しないものとする。

対 応

本CASEの貸付けは,2に該当しないと考えられるため,少額減価償却資産の特例を適用することはできない。したがって,建設用足場の取得価額を資産に計上して耐用年数3年で減価償却することとなる。

(星山　光雄)

参考文献・判決等
法令133①,133の2①,法規27の17①②,27の17の2,措法67の5①,措令39の28②,措規22の18

IV 役員・使用人給与, 賞与, 退職給与

30 みなし役員の認定要件と認定パターン

CASE

これまで，みなし役員の認定事例は，さほど耳にすることはありませんでした。ところが，最近では，税務調査の何気ないやり取りの中で，ごく自然に税務調査官から「〇〇氏はみなし役員ではないですか」という言葉が投げかけられています。単なる牽制なのか，指摘の本旨はクリアではありませんが，みなし役員の認定課税が行われている傾向にあるならば，その対応策をご教示いただけないでしょうか。

検 討

1 みなし役員の認定要件等

役員給与は，定期同額給与，事前確定届出給与及び業績連動給与に該当しないもの，並びに退職給与のうち過大な部分の損金性が否定されている。使用人給与の損金性を前提とした法制に比して，きわめて緻密な取扱いの構成となっている。また，役員給与の取扱いの網は，状況によっては使用人を巻き込むことがある。これが，みなし役員を規定する目的であり，実質役員に対する給与の損金性の否認漏れを担保しているものといえる。

【会社法に存しない税法独自のみなし役員】
① 法人の使用人以外の者で経営に従事しているもの
② 同族会社の使用人のうち，一定の持株要件（いわゆる50％以上基準，10％超基準，5％超基準）の全てを満たしている者で，経営に従事しているもの

2 みなし役員の認定パターン

(1) 同族会社に限らない（例：相談役等）

上記1①に係るみなし役員は，全ての法人に認定要素が存しているものである。また，「使用人以外の者でその法人の経営に従事しているもの」は，「相談役，顧問その他これらに類する者でその法人内における地位，その行う職務等からみて他の役員と同様に実質的に法人の経営に従事していると認められるものが含まれる」としている。しかし，取扱いをたどってみても「経営に従事しているもの」の意義はクリアにはならない。

Ⅳ　役員・使用人給与，賞与，退職給与

　それでは，税務調査官の目に留まった例を掲げてみたいと思う。経営規模の大きな法人において，重要な位置にあった人材は，晩年子会社等に職籍を移すことが定石となっている。さらに，このような者は，数年後それまでの功績を称えて相談役等に就任することになる。このようなポストの経緯にある相談役等は，まさに「経営に従事している蓋然性あり」という判断である。

(2)　同族会社の経営従事（例：妻）

　上記1②に係るみなし役員の持株判定は，同族会社を支配するオーナーの妻であれば，自動的に要件が充足されることになる。さらに，家族経営の同族会社には，妻が法人に勤務していることが通例である。そこで，税務調査官の指摘は，「オーナーと起居を共にする妻は，常に経営に参画する環境にあり，重要な意思決定に関与しているはずである」，だから「妻は経営に従事していると考えられる」という論理展開である。

対　応

　経営に従事するとは，法人の主要な業務執行の意思決定に参画すること，つまり経営上の重要事項についての決定権を有し，その結果に対して責任を有することといえる。例えば，その者が経営方針に参画して，職制の決定，販売計画，仕入計画，製造計画，人事計画，資金計画，設備投資計画等の計画や決定に，自己の意思を表明し，その責任をもとに反映されているか否かの実質的な判断になる。そこで，税務調査官に対しては，(1)相談役等や(2)妻は，このような実態はないと主張することになる。その反論の際，これらの者が参加していない経営会議等の議事録の痕跡，役員の分掌業務の整理があると，主張の後押しになるだろう。

（宮森　俊樹）

参考条文・判決等

法法2①十五，34，法令7，71，法基通9－2－1

31 「経営に従事している」ということの意義

CASE

私の長男と次男は，私が経営している同族会社の従業員として働いています。ただし，長男は私の右腕となって資金計画など会社の経営管理まで職務として行っていますが，次男は主に営業を職務として行っており，経営管理までの職務は行っていません。

長男も次男も会社法上の役員として登記はされていませんが，法人税法ではどのように取り扱われるのでしょうか。なお，会社の出資関係は，私が65％，長男と次男がそれぞれ7％ずつ出資しています。

検 討

本CASEの場合，会社法上の役員には該当していないため，一般的に考えると長男も次男も役員には該当しないように思われる。しかし，実態に即した課税を行う法人税においては，役員について次のように規定している。
「法人の取締役，執行役，会計参与，監査役，理事，監事及び清算人並びにこれら以外の者で法人の経営に従事している者のうち政令で定めるものをいう」

また，委任された政令においては，"みなし役員"の範囲を次のとおり規定している。
「1．法人の使用人（職制上使用人としての地位のみを有する者に限る。次号において同じ。）以外の者でその法人の経営に従事しているもの」
「2．同族会社の使用人のうち，第71条1項5号イからハまで（使用人兼務役員とされない役員）の規定中『役員』とあるのを『使用人』と読み替えた場合に同号イからハまでに掲げる要件のすべてを満たしている者で，その会社の経営に従事しているもの」

本CASEの場合には，政令のうち2番目の規定について検討する必要がある。

まず，同族会社の使用人であるか否かの検討については，長男も次男も使用人であるため該当することになる。

次に，「使用人兼務役員とされない役員」の規定中のイからハの全てを満たすか否かであるが，オーナーを中心とする株主グループでの持株割合

が79％であるため，第3順位までの株主グループの持株割合の合計が50％を超えていることという要件，及び長男・次男が属する株主グループの持株割合が10％を超えていることという要件の両方を満たすことになる。また，長男・次男がそれぞれ7％ずつ出資しているため，本人の持株割合が5％を超えていることという要件も満たすことになり，全ての要件を満たすことになる。

最後に会社の経営に従事しているか否かであるが，長男は社長の右腕となり，経営管理に従事しているため該当することになるが，次男については，経営に従事しているとはいえないため，該当しないことになる。

よって，法人税法上の両者の取扱いについては，長男はみなし役員となり，次男は通常の使用人となる。

対　応

上記の検討でも判断できるように，最終的には経営に従事しているか否かが役員判定上のポイントとなる。

そこで，"経営"という用語について考えると，経営という用語はもともと経営経済学上の用語であるとされており，法律の条文中にこれを見ることは非常にまれである。

『経済辞典』（有斐閣版）では，経営という用語を次のように解説している。「経営体という組織体としてとらえる場合と，経営するという機能としてとらえる場合がある。……また，管理が部分的な意思決定であるのに対し，経営は全社的な意思決定であるともいえる」

上記の解説のとおり，機能的には経営は全社的な意思決定であるとしてとらえると，「経営に従事している者＝会社の全社的意思決定に参加している者」と考えられる。そして，さらに全社的な意思決定の内容を考えれば，会社法上株主総会の専決事項以外で取締役又は取締役会の決議事項とされる業務執行の内容とほぼ等しいのではないかと思われる。

したがって，経営に従事している者とは，組織体内部において，取締役会，理事会等の業務執行の意思決定機関の構成員である取締役等と同等以上の権限を実質的に有する者ということができる。

（熊谷　安弘）

参考条文・判決等
法法2①，法令7，71①

32 業績連動型役員報酬

CASE

当社は，定期に同額を支給する「従来型の役員報酬」から業績に連動して金銭を支給するいわゆる「業績連動型役員報酬」を今後導入することを検討しています。この場合における実務上の取扱いと，その留意点はどのようになりますか。

検　討

1　会社法上の取扱い

　会社法361条1項において「取締役の報酬，賞与その他の職務執行の対価として株式会社から受ける財産上の利益（報酬等）についての次に掲げる事項は，定款に当該事項を定めていないときは，株主総会の決議によって定める」とされ，同項2号において「報酬等のうち額が確定していないものについては，その具体的な算定方法」と規定されている。これにより，役員賞与は役員報酬と同様に「職務執行の対価」であるということが明確にされている。

2　会計上の取扱い

　企業会計基準第4号「役員賞与に関する会計基準」（平成17年11月29日企業会計基準委員会）によって，「役員賞与は発生した会計期間の費用として処理する」ということが公表されている。つまり，役員賞与は株主に還元されるべき利益に対する処分ではなく，職務執行の対価（費用）であるということが会計上すでに明確にされている。

3　税務上の取扱い

　内国法人が役員に対して支給する給与については，いわゆる定期同額給与，事前確定届出給与及び業績連動給与のいずれにも該当しないものの額は，法人の各事業年度の所得の金額の計算上損金の額に算入しない。

　業績連動給与とは，同族会社に該当しない法人が一定の業務執行役員に対して支給する利益に関する指標を基礎として算定される給与をいう。

　なお，平成31年4月1日以後に終了する手続に係る給与から，報酬委員会等を設置する法人の業務執行役員が自己の業績連動給与の決定等に係る決議に参加していないこととの要件が追加されているので，留意が必要で

ある。

対 応

　損金に算入される業績連動給与になる場合とは，他の業務執行役員の全てに対して次に掲げる①～③の要件を満たす場合に限られるので留意が必要である。なお，ここでいう業務執行役員とは，次に掲げる①の算定方法についての㈲の決定又は手続の終了の日において，会社法363条1項各号（取締役会設置会社の取締役の権限）に掲げる取締役や，会社法418条（執行役の権限）の執行役員に該当する者及びみなし役員とする。

① その算定方法が，その事業年度の利益等に関する指標（金融商品取引法に規定される有価証券報告書に記載されるものに限る。）を基礎とした次に掲げる要件を満たす客観的なものであること

　㈦ 確定額を限度としているものであり，かつ，他の業務執行役員に対して支給する業績連動給与に係る算定方法と同様のものであること

　㈸ その事業年度開始の日の属する会計期間開始の日から3月を経過する日等までに，報酬委員会が決定をしていることその他これに準ずる適正な手続として株主総会などの一定の手続を経ていること

　㈹ その内容が㈸の決定又は手続の終了の日以後遅滞なく，有価証券報告書に記載されていることや四半期報告書，半期報告書などの方法により開示されていること

② ①に規定する利益に関する指標の数値が確定した後1月以内に支払われ，又は支払われる見込みであること

③ 損金経理をしていること

(中村　彰宏)

参考条文・判決等
会社法361①二，企業会計基準第4号，法法34①一～三，法令7，69⑨～㉑

33 未払役員賞与の辞退

CASE

費用処理により未払役員賞与を計上していました。ところが，その後市場環境が厳しくなり，事業成績が芳しくなく，資金繰りも苦しくなっております。

そこで，取締役会においてその未払賞与を辞退する旨の決議がなされました。この場合，税法ではどのように扱われますか。

検 討

1 法人税法上の取扱い

役員賞与は，事前確定届出により支給金額があらかじめ定められていない場合には，使用人兼務役員に対する使用人分の賞与を除き，損金不算入とされている。また，この損金不算入の賞与が未払いである場合において，その未払賞与を支払わないこととなり，債務免除を受けたときは，未払賞与に係る債務免除であっても，債務免除である以上，これにより生じた益金（債務免除益）は，原則として，その免除を受けた事業年度の益金の額に算入されることとなる。

ただし，損金不算入の未払賞与に係る債務免除益に課税するというのは不合理であるので，その債務免除が業績不振等，次に掲げる事由に該当するために行われたものであり，かつ次の要件を満たすときは，その未払賞与に係る債務免除益は，益金に算入しないことができるように取り扱われている。

① 支払わないこととなった原因が，会社の整理，事業の再建，業況不振のためのものであること。
② 支払わないことが，取締役会等の決議に基づき決定されたこと。
③ 支払わないこととなる金額が，未払賞与金の全額又は大部分であること。
④ 支払わないこととなる金額が，その支払いを受ける金額に応じて計算される等一定の基準によっていること。

2 所得税法上の取扱い

役員賞与については，株主総会等の決議があった日に給与所得の収入金

額に算入すべきこととされ、その決議が総額のみで、各人ごとの支給金額を定めていないときは、各人ごとの支給金額が具体的に定められた日に収入金額に算入すべきこととされている。

そこで、そのようにして、給与所得の収入金額に算入した者が賞与の受領を辞退した場合には、「資産の譲渡代金が回収不能となった場合等の所得計算の特例」を適用し、債務免除（受給を辞退）した金額に対応する部分の金額は、個人の所得金額の計算上なかったものとみなすこととされている。

対　応

1　各人の配分額が確定した後取締役会の決議によりその賞与を支払わないこととした場合

法人の債務超過の状態が相当期間継続し、その支払いを受けることができないと認められる場合に、その賞与受給の辞退が行われたときは、所得税の源泉徴収をする必要がない。

支払いの確定した日から1年を経過した日に支払いがあったものとみなされた賞与について、その後、賞与の受給辞退が行われても、その賞与につき源泉徴収をした税額は、その源泉徴収をした徴収義務者に還付する過誤納金とはならない。

2　特殊な事情により辞退された未払役員賞与の所得税の源泉徴収

役員が、その法人について次のような特殊な事情があった場合、一般債権者の損失を軽減するために、立場上やむなく賞与の受領を辞退したときには、辞退により支払わないこととなった部分については、源泉徴収をしなくてもよいこととされている。

①整理開始の命令又は特別清算の開始命令を受けたこと等、②破産手続の開始決定を受けたこと、③更生手続の開始決定を受けたこと、④事業不振のため会社整理の状態に陥り、債権者集会等の協議決定により債務の切捨てを行ったこと。

（岡﨑　和雄）

参考条文・判決等
所法28、所基通181〜223共-2、181〜223共-3、法法34、法基通4-2-3

34 役員退職金の損金算入時期

CASE

当社(年1回3月決算)の役員が本年11月に退職したため,取締役会において退職慰労金として2,000万円を支給することを決議し,本年12月に支給しています。この退職慰労金は翌年5月の株主総会で承認を受けることとなりますが,当期の損金として認められるでしょうか。なお,当社は退職給与引当金を設定しておらず,支給額を退職慰労金として費用計上しています。

検 討

1 会社法上の取扱い

会社法上,役員退職金は報酬等に該当するため,これを支給する場合には定款で定めるか,あるいは株主総会の決議を必要とする。実務においては,退職慰労金支給規程等の内規がある法人では株主総会において「退職慰労金支給規程に従って退職慰労金を支給することとし,具体的な金額は取締役会(監査役の退職慰労金は監査役の協議)に委ねる」との決議がなされることが通常となっている。

2 法人税法上の取扱い

(1) 原 則

税法上,退職した役員に対し支給する退職給与の損金算入時期は,原則として株主総会,社員総会その他これらに準ずる機関の決議によりその額が具体的に確定した日の属する事業年度とされている。したがって,その決議が役員退職金を支給することだけを定めるにとどまり,具体的な支給額の決定は取締役会に一任することとしている場合には,その金額が取締役会で具体的に決定された日の属する事業年度において損金の額に算入することとなる。

(2) 例 外

なお,法人がその退職給与の額を実際に支払った日の属する事業年度においてその支給額につき損金経理をした場合には,その事業年度の損金として取り扱うこととされている。

(3) 結　論

　すなわち，役員に対する退職給与の損金算入時期は，その額の確定時と，支給時のいずれかによることができることとされているため，株主総会の承認を受ける前であっても支給日の属する事業年度において損金経理をした場合には，その経理が認められる。

　なお，平成18年度税制改正により役員退職金についての損金経理要件が廃止されたため，その額が確定した事業年度において仮払金等として経理した金額につき申告調整により減算することも認められる。

対　応

　役員の退職給与の損金算入時期については，株主総会，社員総会その他これらに準ずる機関の決議によりその額が具体的に確定した日の属する事業年度又は実際に支払った日の属する事業年度において損金算入が認められる。また，株主総会等において役員退職給与の額が確定したものの，資金繰り等の理由により確定額を分割支給する場合の損金算入時期についても，株主総会等で確定した事業年度又は実際に支払った事業年度となる。したがって，役員退職給与を分割支給する場合には，確定した事業年度において未払金として計上するか，実際に支給した事業年度において退職金として計上すれば損金算入が認められる。

　なお，法人が退職した役員に対して支給する退職金を年金によって支給する場合には，その役員に係る年金の総額を計算して未払金として計上した場合であっても，その未払金に相当する金額は損金の額に算入することはできず，年金を支給すべき時に損金算入となる。

（折原　昭寿）

参考条文・判決等

会社法361, 387, 法基通9－2－28, 9－2－29

35 死亡退職金を年金方式により支給する場合の課税関係

CASE

当社の創業者であり代表取締役であったA氏は，本年2月，病気により亡くなりました。当社では故人の在任中の労苦に報いるため，遺族に対し退職慰労金を贈呈したい旨を，次回の株主総会に提案することを考えています。なお支払方法については，退職年金として10年にわたって支給する方法を提案するつもりです。
このような，年金方式による退職金の課税関係はどのようになるのかご教示ください。

検 討

退職年金の課税関係を考えるに当たり，退職年金を支給する法人側の法人税並びに退職年金の支給を受ける遺族側の相続税及び毎年実際に退職年金の支給を受ける遺族の所得税との関係に区分して考える必要がある。

1 支給する法人の法人税との関係

(1) 損金算入時期の判定

退職一時金については，株主総会の決議等により，その額が具体的に確定した日の属する事業年度，又は法人が実際に退職一時金を支給し，その支給した額について損金経理をした事業年度の損金の額となる。一方，退職年金については，法人がその退職年金を支給すべき時の損金の額となる。

そのため，株主総会の決議等により支給が確定した事業年度において，退職年金の総額を未払金等に計上した場合においても，その未払金等に相当する金額を損金の額に算入することは認められない。

(2) 過大役員退職給与との関係

法人が，役員に対して支給する退職給与の額のうち不相当に高額な部分の金額は，損金の額に算入されない。なお，退職年金が不相当に高額かどうかの判定は，退職年金の総額等を基として判定することになる。

2 支給を受ける遺族側の相続税との関係

(1) 退職年金の評価

遺族が支払を受ける退職手当金その他これらに準ずる給与で被相続人の死亡後3年以内に支給が確定したものは，みなし相続財産として相続税の

課税の対象となる。したがって退職年金も相続財産となり，相続財産としての評価が問題となる。この場合の退職年金の評価は，一時金として支給される退職一時金と異なり，定期的に何年にもわたって支払われることから，定期金に関する権利に準じて評価することになる。

　1年間に受けるべき金額×予定利率の複利年金現価率（残存期間に応ずるもの）

(2)　相続人が受け取った死亡退職金の非課税規定との関係

　退職年金の支給を受ける遺族が相続人（相続を放棄した者を除く。）の場合には，(1)により評価した金額から次の算式により計算した金額を控除した金額が課税の対象となる。

（算　式）

$$(500万円 \times 法定相続人の数) \times \frac{その相続人の取得した死亡退職金の合計額}{被相続人の全ての相続人が取得した死亡退職金の合計額}$$

(3)　実際に退職年金の支給を受ける遺族の所得税との関係

　退職年金は所得税法上雑所得に区分され，課税されることになる。

　しかし，遺族が支給を受ける退職年金で，その年金が死亡した者の勤務に基づいて，使用者である者から支払われるものについては相続税で定期金に関する権利の評価を受けたことから非課税となる。

対　応

　中小企業者の多くは，大企業と比較し信用力が低いことから，金融機関から運転資金を調達するにも苦労している状況である。そのため退職一時金として一時に多額の資金を支出するとなれば，資金繰りに支障をきたし，ひいては倒産ということにもなりかねない。しかし法人側においても創業者の長年の功績に報いるため，相応な金額の退職金を支給したいと考えるのも事実である。

　そのような時に有効であるのが，年金方式による退職金の支給である。

（寺島　敬臣）

参考条文・判決等法

法基通9－2－28，9－2－29，法法34，法令70二，相法3①二，12①六，24，相基通3－47，24－4，所法9①三，所基通9－2

36 勇退時の退職金は要注意

CASE

飲食店業を営む同族会社である当社は，高齢による代表取締役A（持株割合80％）の勇退に当たり退職慰労金5,000万円を支給する決議をし，その事業年度において損金の額に算入しました。

ところが，税務調査において，Aに勇退後も平取締役として月額40万円（勇退前80万円）の報酬が支給されており，退職金の打切り支給は認められないとの指摘を受けました。

そこで，役員の退職金の打切り支給の取扱いの留意点について教えてください。

検　討

1　役員退職金の取扱い

退職した役員に対して支給する退職金については，その支給した退職給与の額が業務に従事した期間，退職の事情，他の法人の支給状況等に照らし不相当に高額なものは，損金の額に算入しないこととされている。

2　役員の退職

役員の退職とは，法人と役員との間の委任関係が終了し，勤務上の拘束が解除されることをいう。具体的には，任期満了による退任，辞任，解任，死亡等があった時点をもって退職の事実があったと解される。

しかし，形式上は勤務関係は終了していなくても，代表取締役を退任して非常勤役員に就任するなど分掌変更があったときには，例外として退職と同様の事情にあると認定され，実質的に役員退職金の支給が認められる場合がある。

3　分掌変更等で退職給与の打切り支給

そこで，実質的に退職と同様の事情にある場合とは，次のような場合を想定しており，これら例示に該当して退職金の打切り支給を行った場合には，実際に退職の事実がない場合であってもその支給額の損金算入を認めている。

① 　常勤役員が非常勤役員（常時勤務していなくても代表権を有する者及び代表権は有しないが，実質的にその法人の経営上主要な地位を占めて

いると認められている者を除く。）になったこと
② 取締役が監査役（監査役でありながら実質的にその法人の経営上主要な地位を占めていると認められている者及びその法人の株主等で使用人兼務役員とされない役員に掲げる要件の全てを満たしている者を除く。）になったこと
③ 分掌変更等後における報酬が激減（概ね50％以上減少）したこと

対 応

　分掌変更等により退職金の打切り支給が認められるのは，役員としての身分は継続しているが，上記3のように実質的に経営の実権を喪失したと認められるような場合にこれを退職と同様に取り扱うという趣旨からである。

　ところが，本CASEのように同族会社においては，代表取締役が分掌変更等により勇退し，その後平取締役として勤務することとしている場合には，報酬支給を形式的に50％以上カットしても経営に従事していれば実質的に経営権を喪失したと考えるには無理があると思われる。

　そこで，経営権喪失の事実を明瞭にするために代表取締役の勇退時と同時に平取締役にも就任せず，以後経営上の最高意思決定機関である取締役会の参加資格を喪失させることとすればよいのである。

　なお，代表権の喪失及び取締役の退任は取締役会の決議事項であり，これら事実を記載した議事録を作成し，商業登記簿の登記を行わなければならない。

　また，この場合における役員退職金は，通常の退職と異なるため，原則として金銭等で支給しなければ損金算入が認められず，未払金計上はできないことに留意する。

　なお，資金繰り等を基因とする短期の未払計上は例外として認められるであろう。

（宮森　俊樹）

参考条文・判決等
法法34②，法令70二，法基通9-2-32，東京地判平成27年2月26日（TAINS Z888-1918）

37 資金繰りに合わせた分掌変更等に伴う役員退職給与の支給

CASE

同族会社甲社の創業者である代表取締役Aから，「そろそろ取締役B（Aの長男）に代表取締役を承継しようと考えている。ただ，突然私が退くとなると，取引先等に与える影響も少なからずあろうから，しばらくの間は非常勤取締役としてBのサポートを行いたいと思っている」と切り出してきました。この話の発端は，過日，顧問税理士Cが甲社を訪問した際，数年前に契約をした保険の解約時期を検討していたことから，代表取締役Aが，当該解約に係る保険金収入による資金の使途及び収益と相殺することを思案した結果の発言であると考えられます。それを察した顧問税理士Cは，「代表取締役Aの分掌変更等による役員退職給与の支給を検討することとなります。」と返しています。この場合，役員の分掌変更等の場合の退職給与の取扱いは，役員としての地位又は職務の内容が激変し，実質的に退職したと同様の事情にあると認められる必要があります。そのため，甲社は，どのような会社の体制整備を行なう必要があるか，留意すべき事項をご教示いただけないでしょうか。

検　討

1　役員の分掌変更等に係る退職給与通達の適合性

法人税基本通達9－2－32《役員の分掌変更等の退職給与》の趣旨は，「役員としての地位又は職務の内容が激変し，実質的に退職したと同様の事情にあると認められる場合」に適合することを求めている。また，常勤役員が非常勤役員になったことは，外形上地位又は職務の内容の激変を伴うものと考えられる。しかし，創業者の場合は，実質的にその法人の経営上主要な地位を占めている者であるとして，退職したと同様の事情に該当していないものと認定されるケースが発生していることから，会社の内部機関の変更前後の体制整備を可視化したエビデンス等の提示が求められるであろう。

2　「実質的に退職したと同様の事情にあること」について

中小企業者等では，創業者が，後継者へバトンを渡しながらも併走し，退職給与の支給を受けている状況が見られる。当該支給は，本通達の適用が，原則として，法人が未払金等に計上した場合の当該未払金等の額は含

めないこととしているため，過去に契約した役員保険等の解約による退職給与の資金原資の確保とセットのプランになっていると考えられる。それゆえ，計算書類等は，保険積立金の振替えによる入金差額の損益と役員退職給与の計上等が顕在化し，租税行政庁から牽制を受ける要素となる。

　一方，先行する同様の争訟事例において，棄却事例が目立つ印象を受けたとしても，全ての事例を否定的に捉えるべきではない。残念な結果になっているのは，会社内部の体制整備が不十分なところで，役員の分掌変更等の場合の退職給与の取扱いを適用したことが原因であると考えられる。この会社の体制として，たとえば，①「分掌変更等をした者と代表取締役との関係」＝創業者の分掌変更等前において，親子で取締役であった期間が存していた場合には引継ぎのための準備期間であると肯定的に捉えることができる。しかし，本通達は，創業者の職務の内容が激変することを前提としていることから，②「分掌変更等をした者の従前の役員としての職務を執行する承継者の存在」＝創業者の主たる職務の承継者が既に育成されているか，また，③「分掌変更等をした者の従前の職務内容とその後の職務の変更」＝分掌変更等を行う前後の創業者に係る職務の内容を明らかにし，さらに，④「分掌変更等をした者の後任となる役員のこれまでの職務経験の有無」＝創業者の職務の内容を承継する者の当該職務の経験等により創業者の経営介入の余地を払拭することが必要である。そして，⑤「分掌変更等をした者の会社内外の認識の浸透」＝経営権が後継者に承継している実態について，従業員や取引関係者の認識を根本から変える必要があること等が，重要な判断要素となろう。そして，最も重要なことは，創業者の無意識の経営への介入とそれを当然に受け入れてしまう会社内外の関係者の希薄さが招く，自己否定の顕在化を遮断することであろう。

対　応

　事実認定の①ないし⑤の各要素は，判断基準であると言い切れるものではないが，「実質的に退職したと同様の事情になること」を実証する思考の下で，実体の伴う事業承継であることを明らかにするために掲げたものである。

（苅米　裕）

参考条文・判決等
法基通 9 － 2 －32，平成29年 7 月14日公表裁決

38 役員退職金の分割支給

CASE

当社には，このたび定年を迎える役員がいます。その役員が退職するにあたり，退職規定どおりの退職金の支払いを一括で行うと，直近の資金繰りに支障をきたす可能性があります。

そこで，その役員の了承を得て，退職金の支払いを分割で支給しようと考えています。こういった退職金を分割支給する場合の，当社とその役員の税務上の取扱いとの留意点を教えてください。

検 討

1 退職一時金となる場合

役員の退職金の損金算入時期は，株主総会の決議等によりその額が具体的に確定した日の属する事業年度とされ，損金経理は要件とならない。ただし，法人がその退職給与の額を実際に支給した日の属する事業年度において，その支払った金額を損金経理した場合には，これも認められている。

原則的な考え方からすると，確定した日の属する事業年度で損金に算入すべきである。しかし実情を考慮して，実際に支払った時点で損金に算入してもかまわないとの取扱いが弾力的に定められている。

したがって，資金繰りを考慮して分割払いになったとしても，確定日，支給日のどちらでも損金に算入できる。

支給を受ける側の退職所得の収入金額とすべき時期については，原則としてその支給の起因となった退職の日とされる。したがって分割で支給を受ける場合でも，その決定された金額の全額がその年の収入金額となる。

この場合の源泉徴収は，その退職金の総額に対する税額を計算し，その税額を各回の支払額で按分することになる。

2 退職年金となる場合

退職金の一時払いというよりも有期年金の支給と考えたほうが実態に即しているような場合には，決議日等の属する事業年度で全額損金処理することはできない。あくまでも支給の都度，損金に算入しなければならない。したがって，年金総額を未払い計上したとしても，その未払い金相当額を

損金の額に算入することはできない。

支給を受ける側の所得は,「雑所得とされる公的年金等」に該当する。この場合の源泉徴収は,「扶養親族等申告書」の提出をすることができない公的年金等に該当するため,支給額の25%を控除したうえで,控除後の金額の10.21%相当額が源泉徴収されることになる。

3 退職一時金か年金かの判断

退職一時金か退職年金のいずれに該当するかを考える際に,5年以上などの長期間の年払いは,退職一時金ではなく退職年金として支払時の損金として処理すべきであるという考え方もある。しかし,退職金は,支給するサイドで決定されるべき事項であり,退職年金の支給は受給者の余命年数等を配慮して決められるもので,会社の資金繰り等の諸事情で決められるものではない。したがって支給内容が退職年金としての性格を持たず,結果として,長期の年払いになるのであれば,退職一時金として処理してもかまわないと考える。あくまでも個別事情で判断すべきである。

対 応

退職金を長期にわたる分割支給する場合で,決議日の確定事業年度に一括損金として処理したい場合,退職年金と認定されないかどうか問題となるところである。

その判断基準は,あくまでも支給する側の制度で判断されるものである。

したがって,会社側としては,資金繰り等の諸事情で分割支給となった経緯,恣意性がなく,合理的な理由によるものであることを,説明できるように,取締役会の議事録等でその根拠を示せるようにしておくことが重要である。

(松浪 昭二)

参考条文・判決等

法基通9-2-28,9-2-29,所基通201-3,183〜193共-1,所法203の3⑦

39 福利厚生費処理をした慰安旅行費用の問題点

CASE

当社は，社員の慰安旅行を次の要領で実施したいと考えていますが，会社負担分の費用は全額福利厚生費として処理して差し支えありませんか。
① 旅行先　シンガポール
② 旅行期間　4泊5日
③ 費用の負担（1人当たりの費用は合計18万円）　会社10万円，社員8万円
④ 社員の参加割合　90％程度の予定

検　討

　所得税法における収入金額の原則的規定では，その年分の所得金額の計算上収入金額とすべき金額には，金銭のほか，金銭以外の物又は権利その他の経済的利益も含まれるものとされており，いわゆる経済的利益も金銭による給与と同様に課税対象になる。
　したがって，会社行事として行う新年会，忘年会，各種のスポーツ大会，慰安旅行等レクリエーションに参加したことによって従業員が経済的利益を受ければ，原則として給与課税が行われることになる。
　ただし，執行上の取扱いとして，これらレクリエーション行事が比較的簡易なもので，その行事自体が社会通念上一般に行われている程度のものであれば，強いて課税しないことと取り扱われている。
　この取扱いは，①会社行事として行われるレクリエーション等は，半ば強制的な面もあり，それによる経済的利益は従業員が自由に処分できないものであること，また納税を強制することに酷な面もあること，②レクリエーション行事に参加することによって得られる従業員の経済的利益は少額である場合が多いこと，③慰安旅行等を行うことは一般化しており，これらに給与課税をすることは，国民感情からみても受け入れられないものであること等が考慮されたものである。
　税務上の問題は，上記における社会通念上一般に行われている程度と，経済的利益の少額とはどの程度をいうかであるが，前者に関しては，現行

では，次のような通達基準がある。

　すなわち，慰安旅行に参加したことにより受ける経済的利益については，次のいずれの要件も満たしている場合は，課税しないこととして取り扱われている。

① 　その旅行に要する期間が4泊5日（目的地が海外の場合には，目的地における滞在日数による）以内のものであること
② 　その旅行に参加する従業員等の数が全従業員等（工場，支店等で行う場合には，その工場，支店等の従業員等）の50％以上であること

　本CASEは，これらの要件のいずれも満たしており，会社負担額は，福利厚生費として損金となり，従業員に対する課税問題は生じない。

　なお，慰安旅行に係る取扱いは，昭和61年12月の通達で「2泊3日以内」，平成元年3月の通達で「3泊4日以内」となり，平成5年5月の通達で現行の「4泊5日以内」と改正されている。また，従来は，「使用者の費用負担割合が50％以上であること」という要件があったが，平成5年5月の通達改正で削除されている。

対　応

　上記のいわゆるレクリエーション通達は，税務における1つの指針であり，課税の適否はあくまで「社会通念」に従って判断すべきである。また，社会通念も時時刻刻と変わっていくことに注意すべきであり，経済的利益が少額か否かも社会通念による。税務当局の内部では，「1人当たり10万円超は課税」という基準もあるようであるが，その根拠は明白でない。したがって，これにとらわれることなく，社会通念で判断すべきものと思われる。

　なお，自己都合による不参加者に対し，その旅行等への参加に代えて金銭を支給する場合には，不参加者のみならず，参加者に対しても，その金銭の額に相当する給与の支給があったものとして課税されることに注意を要する。

（川島　雅）

参考条文・判決等
所法36，所基通36－30，平5課法8－1・課所4－5

40 海外渡航費の取扱い

CASE

当社は，経費削減策として，今後は海外出張の際の交通手段と宿の手配を個別に行うことをやめて，割安なパック旅行を利用していこうと考えています。しかし，その海外渡航費を旅費として損金の額に算入する経理処理が否認される可能性があると聞きました。否認されないためには，どうすればよいでしょうか。

検討

1 原則的な取扱い

海外渡航費の取扱いは，通常の旅費と同様であるが，その性質上長期間にわたるものであり，高額になることも多いため，税務上の取扱いが法人税基本通達で公表されている。その原則的な取扱いは，「法人がその役員又は使用人の海外渡航に際して支給する旅費は，その海外渡航が当該法人の業務の遂行上必要なものであり，かつ，当該渡航のための通常必要と認められる部分の金額に限り，旅費としての法人の経理を認める」というものである。

その海外渡航が法人の業務の遂行上必要なものと認められなければ，結果として，海外渡航費は渡航した役員又は使用人に対する給与と認定されるであろう。役員に対する海外渡航費は，定期同額給与，事前確定届出給与又は一定の業績連動給与のいずれにも該当しないので，損金の額に算入されないこととなる。また，使用人に対するものは，臨時的であるため賞与として取り扱われ，損金の額に算入される。ただし，どちらの場合も源泉所得税の問題が発生することになる。

2 必要性の判定基準

海外渡航の必要性の判定基準は，法人税基本通達において「その旅行の目的，旅行先，旅行経路，旅行期間等を総合勘案して実質的に判定するものとする」とされている。さらに，観光渡航の許可を得て行う旅行，旅行あっせんを行う者等が行う団体旅行に応募してする旅行，同業者団体その他これに準ずる団体が主催して行う観光目的の団体旅行などは，原則として法人の業務の遂行上必要な海外渡航に該当しないものとして，具体的な

形式基準に挙げられている。

この通達では，海外渡航が法人の業務の遂行上必要なものであるかどうかの判断において具体的な形式基準を設け，外見上観光旅行とみられるものは業務の遂行上必要なものに該当しないとすることを原則としている。

3　実質的な判定

しかし，現在では，商用の滞在でも短期間ならビザ不要という国も増えてきており，商用渡航の許可を得ないことだけで観光旅行であると断定することはできないであろう。また，高い交通費や宿泊料金を支払ったり，手配する手間をかけるよりは，料金が割安であり，まとめて手配できるパック旅行を利用することは，法人の経営にとって有意義なことでもある。つまり，形式基準だけで一概に業務の遂行上必要なものでないと判定することは，必ずしも適切ではないので，実質的に判定すべきであると考えられる。

4　書類等の整備

ただし，形式基準で観光目的の旅行に該当するものが法人の業務の遂行上必要な海外渡航であると実質的な判定によって認められるとしても，そのことを示す証拠がなければ，旅費として損金の額に算入することは難しい。その旅行が実質的に業務の遂行上必要な海外渡航であることを証明できる疎明資料を整えておかなければならないであろう。具体的には，旅程表，契約書，報告書，写真などであり，業務遂行上の必要性を客観的に把握できるようにして，割安のパック旅行を経費削減の手段として利用しただけであると認められるようにしておく必要がある。

対　応

資料の不備のため形式基準によって海外渡航費の必要性を判定されてしまい，法人の合理的な経理処理を否認されることのないよう，当初から疎明資料を整備することが肝要である。

（右山　昌一郎）

参考条文・判決等
法基通9－7－6,9－7－7，法法34①

41 給与・外注費の取扱いと留意点

CASE

当社は貴金属加工業を営む法人ですが、昨今の経済不況に対応するために加工部門に従事する従業員の人員整理を行いました。その後、希望者には下請け業者として専ら当社の業務を請け負う形式に移行しました。これらの下請け業者は、当社には在籍しておりませんが、当社からの受注が業務の大半を占めております。この場合に支払う外注費が給与とみなされることがあるのでしょうか。

検 討

1　給与と外注費の違い

　給与は、雇用契約等に基づき事業主からの指揮命令系統下で労務を提供することにより、その対価として事業主から支払われるものである。

　一方、外注費は、事業主との雇用関係はなく、個人事業者として企業からの求めに応じて専門的技術等を生かし、その対価として支払われるものである。しかし、今まで雇用していた社員を表面的に外注化したとしても実質は雇用関係が継続しているケースもあり、給与になるか外注費になるかの判断は実態に沿うものであることが必要である。給与と外注費の定義は税法上に特に規定がなく、一般的には下記に掲げるような基準を基に判断される。

① 雇用関係の有無……外注は雇用関係がなく、他の事業主と複数の契約が可能である。
② 指揮命令系統の有無……外注は基本的に自己が業務の流れを決定
③ 拘束性の有無……外注は、就業時間・就業場所に拘束されない。
④ 材料・機材等の負担……外注は、業務に必要な設備や費用は自己が負担する。
⑤ 報酬の算定……外注による報酬は時給や日給のような固定的なものではなく、請負の対価として算定される。
⑥ 責任の有無……外注は自己の業務に責任を負う。
⑦ 独立性の有無……外注先が独立した事業として成立している等。

　これらは、給与か外注費の判断基準の一例に過ぎないが、個別の事情に

照らし合わせて区別を行うことになる。

2　外注化の効果

　企業側からすれば給与も外注費も経費には変わりはない。しかし，給与という固定費が外注化により削減され，成果に応じた外注費の支払が可能となれば，企業のキャッシュ・フローにも有益なものとなる。

　また，給与と外注費の税法等の取扱いには大きな違いがある。まず，給与には所得税の源泉徴収が必要であるが，外注費には基本的に源泉徴収が不要となる。

　次に，給与には消費税がかからず，外注費には消費税（仕入れに係る消費税）がかかるため，外注費として処理される方が納める消費税が少なくなる。さらに外注先となる個人事業者は社会保険や労働保険の対象とはならず，企業にとっては社会保険料の負担軽減が図れる。

3　インボイス制度との関係

　インボイス発行事業者の登録をした個人事業者に対する役務の対価が給与に該当するか，外注費に該当するかの判定についても，前記1に掲げたような基準により判定することになり，当該個人事業者がインボイス発行事業者であるか否かは影響しない。

対　応

　正社員を退職させ外注化し，形式上は外注先として業務を委託するが，実態は雇用関係が存在するなど単なる表面的なものは外注費としては認められない。また，社内外注という形態にも留意が必要だ。この社内外注の場合は，外注を受けた者が通常の正社員と同じ場所で同じ業務を行うケースが多く，正社員と同様に取り扱われる傾向にあるため，前記した基準等により外注であること，すなわち相手先が独立した企業体であることを立証する必要がある。

　なお，平成21年12月17日付けで「大工，左官，とび職等の受ける報酬に係る所得税の取扱い」が法令解釈通達として制定された。同時に質疑応答形式により，当該取扱いの留意点が公表されており，実務の参考にしていただきたい。

(塩島　好文)

参考条文・判決等
所法27，28，最二小判昭和52年（行ツ）12号，東京地判令和2年（行ウ）68号

42 情報提供料の取扱い

CASE

私は建設業を営んでいますが，当社は新築や改築をする人を紹介してくれた人に紹介料として，金品を支払っています。聞くところによると，それは交際費になるそうですが，交際費にならないためには，どうしたらよいでしょうか。

検　討

最近の情報化時代では，同業他社に比べてどれほど速いスピードで正確な情報を入手するかが企業の盛衰を分けるとまでいわれている。

法人が情報提供等を業としない者に対して金品を情報提供料として支払った場合に，それが交際費等に該当しない要件として，次の全てが満たされていなければならないとされている。

① その金品の交付があらかじめ締結された契約に基づくものであること
② 提供を受ける役務の内容が当該契約において具体的に明らかにされており，かつ，これに基づいて実際に役務の提供を受けていること
③ その交付した金品の価値がその提供を受けた役務の内容に照らし相当と認められること

情報提供業という商売があるかどうかは知らないが，仲介，代理，斡旋を行う業者といえば，一般的には不動産仲介業や商社等が考えられる。これらの者に支払う金品は主たる業務として行われているので，手数料等として損金になることは明らかである。

しかし，それ以外の者に対して支払う金品については，その金品の交付が正当な対価と認められる場合に限って手数料等と処理してもよいこととされている。

1 「あらかじめ締結された契約に基づくもの」

「締結された契約」という文言からすると，相手方との間において交わした文書による契約と解される。しかし，情報提供業者となら別であるが，そうでない者とあらかじめ文書による契約をするということは実際上は稀であろう。口頭でも契約は成立するのである。そこで，情報提供者に対する支払基準を広告する方法として，例えば，新聞やチラシであるとか，社

内その他所要の場所に掲示する方法が一般的に行われている。
2 「役務の提供を受けていること」
　契約において役務の内容を具体的に明らかにしていなければならないが，それに基づいて実際に役務の提供を受けているかが要件とされている。例えば，建設会社が見込客の紹介をされ，見込客と交渉をしたが，他の建設会社の方が条件がよいとされ成約しなかったとする。この場合，役務の提供を受けたか受けなかったかが問題となろうが，役務の提供の程度がどうであるかは，契約の具体的内容がどのようになっているかに係る問題であると解される。

対　応

　税務調査時のトラブル防止のためには，証拠書類の保存が実務のうえでは重要である。
1 「契約に基づくもの」の証拠保存
　文書による契約であれば，契約書を保存しておけば足りる。また，広告をした場合は，新聞やチラシ，掲示した文書等の保存が必要である。キャンペーン期間が過ぎると処分してしまうケースが多い。いずれにしても，後日のために「契約に基づいた」という証拠を残しておくことが必要である。
2 「役務の提供を受けている」という証拠の保存
　役務の提供を受けたかどうかは契約の具体的内容の役務を受けたかどうかということである。提供された情報を基に相手と成約したら支払うのか，確かな情報だけに支払うのか，いわゆるガセネタでも支払うのか，という問題もあるが，それについては，「その交付した金品の価額がその提供を受けた役務内容に照らし相当と認められること」とされていることに照らして判断されるものと考える。いずれにしても後日のために，役務の提供があったことが分かるような書類なり資料なりを保存しておくことが必要である。

　　　　　　　　　　　　　　　　　　　　　　　　（焼山　良太）

参考条文・判決等
措通61の4(1)-8

43 使用人賞与の損金算入時期

CASE

使用人賞与は，原則として実際にその支払が行われた日の属する事業年度において損金の額に算入することとされています。ただし，未払賞与については，例外として実際に支払が行われたものと同様な状態にあるものに限定し，損金算入が認められています。

そこで，使用人に対して支給した賞与の損金算入時期の概要とその実務上の留意点について教えてください。

検 討

1 原 則

法人が各事業年度において，使用人に対して支給する賞与のうち，下記2に掲げる賞与以外のものについては，その支払をした日の属する事業年度において損金の額に算入することができる。

2 例 外

(1) 支給予定日が到来している賞与

法人が各事業年度において，使用人に対して支給する賞与（使用人兼務役員に対する使用人部分を含む。以下同じ。）のうち，労働協約又は就業規則により定められる支給予定日が到来しているもの（使用人にその支給額が通知されているもので，かつ，その支給予定日又はその通知をした日の属する事業年度においてその支給額につき損金経理したものに限る。）については，その支給予定日又はその通知をした日のいずれか遅い日の属する事業年度において損金の額に算入することができる。

(2) 決算賞与

法人が各事業年度において，使用人に対して支給する賞与のうち，次に掲げる全ての要件を満たすものについては，その支給額の通知をした日の属する事業年度において損金の額に算入することができる。

　イ　その支給額を各人別に，かつ，同時期に支給を受ける全ての使用人に対して通知をしていること。

　ロ　イの通知をした金額を通知した全ての使用人に対しその通知をした日の属する事業年度終了の日の翌日から1か月以内に支払っているこ

と。
　ハ　その支給額につきイの通知をした日の属する事業年度において損金
　　経理をしていること。
3　支給額の通知
　法人が支給日に在職する使用人のみに賞与を支給することとしている場合のその支給額の通知は，上記2(2)ロに掲げる「通知」には該当しないこととされる。
4　同時期に支給を受ける全ての使用人
　法人が，その使用人に対する賞与の支給について，いわゆるパートタイマー又は臨時雇い等の身分で雇用している者（雇用関係が継続的なものであって，他の使用人と同様に賞与の支給の対象としている者を除く。）とその他の使用人を区分している場合には，その区分ごとに上記2(2)ロに掲げる支給額の通知を行ったかどうかを判定することができる。

対　応
　上記2(2)に掲げる決算賞与を未払計上する場合には，実際に通知書を作成して使用人に交付し，その写しに使用人の確認印を受けるなど使用人に対する通知の事実を後日立証できる様にすべきであろう。また，①使用人に対して支給額の通知を行ったとしても支給日までに退職した者に対しては賞与を支給しなかったケース，②結果的に退職した者がいなかったため通知した金額を全額支給したケースについても，就業規則などでその通知した支給額について退職者には賞与を支給しないこととされている場合には，その未払賞与は，損金の額に算入することはできない。特に，定型の就業規則の基本書式を採用している会社においては，税務調査で問題となっているようなので留意が必要である。

（宮森　俊樹）

参考条文・判決等
法令72の3①，法基通9－2－43，9－2－44，2－2－14

44 建設業退職金共済制度の取扱い

CASE

当社は電気工事業を営む法人ですが,現場で働く作業員の退職金制度がありません。福利厚生を充実させる点からも退職金制度を導入したいと考えています。建設業向けの公的な退職金制度があると耳にしましたが,どのような制度なのでしょうか。

検 討

1 制度の内容

建設業退職金共済制度(以下「建退共」という。)は,中小企業退職金共済法に基づき,建設現場で働く人達の雇用の安定と建設業を営む中小企業の振興・発展を目的として設立された退職金制度である。

建退共は建設業を営む全ての事業主が共済契約者となることができ,元請や下請,専業や兼業,建設業法許可の有無にかかわらず加入できる。被共済者についても,大工・左官・土工等の職種や国籍,月給制や日給制等の違いに関係なく,全ての建設現場労働者を対象とすることができる。ただし,事業主,役員報酬を受けている者及び本社等の事務専用社員並びにすでに小規模企業共済や中小企業退職金共済等の特定業種退職金制度の被共済者となっている者は加入することはできない。

建退共の掛金の納付は,労働者の就労日数に応じて,公共工事・民間工事を問わず,全ての工事について行わなければならない。掛金は労働者1人あたり1日320円(令和3年10月1日より310円から改定)であり,労働者が従事した日数分の共済証紙を共済手帳に貼付・消印して掛金を支払っていくことになる。この掛金は労働者が支払うのではなく,加入している事業主が負担する。その経理処理は購入した共済証紙を貯蔵品等として資産計上し,共済手帳に貼付の都度,福利厚生費や保険料等として損金又は必要経費に算入することとなる。また,事業主が負担する掛金は給与所得には含まれないため,源泉徴収の対象とならない。

なお,共済証紙は金融機関で購入することができ,赤色(労働者300人以下又は資本金3億円以下の中小企業主に雇用される労働者のための証紙)と青色(労働者300人超かつ資本金3億円超の大手事業主に雇用され

る労働者のための証紙）の二種類があり，各々1日券（320円）と10日券（3,200円）がある。

2　一人親方の建退共

建設現場では一人親方（労働者を雇用せず特定の事業を常態的に行う者）として自ら建設業を営む者を多く目にする。このような一人親方の建退共については，任意組合を組織させ，その任意組合を事業主とみなして共済契約を締結することができる。一人親方は，共済契約者に雇われた日については当該共済契約者より共済証紙の貼付を受け，一人親方として就労した日については任意組合より共済証紙の貼付を受けることとなる。

共済契約者に雇用され，当該共済契約者から共済証紙の貼付を受けた場合は，通常の労働者と同様に共済証紙相当額は一人親方の給与所得には含まれず，共済契約者の損金又は必要経費に算入する。一人親方として就労し，任意組合から共済証紙の貼付を受けた場合には，事業主が自らに掛けたものとなるため必要経費に算入されない。

3　退職金の請求

建退共で退職金が支給されるのは労働者が特定の企業を辞めたときではなく，建設業で働かなくなったときである。共済手帳に貼付した共済証紙が12月（21日を1か月と換算）以上になった労働者が，無職になった，建設関係以外の事業主に雇われた等の一定の請求事由に当てはまる場合に，労働者本人が共済手帳と一定の書類を各都道府県の建退共支部に提出して退職金の請求を行う。この際に，「退職所得の受給に関する申告書」兼「退職所得申告書」の添付も忘れてはならない（提出がない場合は20.42％相当の源泉徴収が行われる。）。

対　応

建退共への加入は任意であるが，加入することにより労働者の確保や定着に繋がる利点や，公共工事を受注する上で必要不可欠な経営事項審査の加点要素にもなる。また，建退共の電子申請方式の導入や当該方式によるワンストップサービスを活用することにより事務・手続処理等の簡素化に繋がるため検討していただきたい。　　　　　　　　　　　（塩島　好文）

参考条文・判決等
法令135一，所令64①一，64②

V 交際費等と隣接費用

45 飲食等に係る金額基準等の拡充

CASE

法人が支出する交際費等の額は，原則としてその全額が損金不算入とされます。ただし，例外として接待飲食費に係る損金算入の特例及び中小法人に係る損金算入の特例として損金算入が可能な取扱いが認められています。

令和6年度税制改正では，販売促進手段が限られる中小法人にとって，交際費等は事業活動に不可欠な経費であることから，会議費の実態を踏まえ，交際費等から除外される飲食費に係る金額基準等が拡充されました。そこで，拡充された制度の改正前及び改正後の概要とその実務上の留意点について教えてください。

検 討

1 改正前制度の概要

(1) 原則

法人が平成26年4月1日から令和6年3月31日までの間に開始する各事業年度（以下「適用年度」という。）において支出する交際費等の額（以下「支出交際費等の額」という。）については，原則としてその全額が適用年度の損金の額に算入することができない。

(2) 接待飲食費に係る損金算入の特例

適用年度終了の日における資本金の額又は出資金の額（資本又は出資を有しない法人，公益法人等，人格のない社団等，外国法人及び受託法人にあっては，それぞれ資本金の額又は出資金の額に準ずる金額。以下同じ。）が100億円以下である法人の支出交際費等の額のうち接待飲食費の額の50％相当額を超える部分の金額は，適用年度の損金の額に算入することができない。

(3) 中小法人に係る損金算入の特例

適用年度終了の日における資本金の額又は出資金の額が1億円以下である普通法人その他一定の法人（以下「中小法人」という。）については，定額控除限度額（年800万円）の支出交際費等の額は，その全額を損金の額とすることができる。

(4) 中小法人に係る選択適用

中小法人の交際費等の損金算入額の計算については，支出交際費等の額のうち，「中小法人に係る損金算入の特例」と「接待飲食費に係る損金算入

の特例」のどちらか有利な方を選択適用することが可能とされている。

2　令和6年度税制改正
(1)　飲食等に係る金額基準の拡充

飲食等のために要する費用（社内飲食費を除く。以下同じ。）であって，1人当たり1万円以下（改正前：5,000円以下）の費用（一定の事項を記載した書類を保存している場合に限る。）は，支出交際費等の額に該当しない費用として取り扱われる。

(2)　適用期限の延長

交際費等の損金不算入制度について，上記2(1)の見直しが行われたうえ，その適用期限が令和9年3月31日（改正前：令和6年3月31日）まで3年延長された。また，接待飲食費に係る損金算入の特例及び中小法人に係る損金算入の特例の適用期限が令和9年3月31日（改正前：令和6年3月31日）まで3年延長された。

3　適用関係
(1)　上記2(1)の改正は，法人が令和6年4月1日以後に支出する飲食費について適用され，法人が令和6年4月1日前に支出した飲食費については，なお従前の例による。

(2)　上記2(2)の改正は，法人の令和6年4月1日以後に開始する事業年度の所得に対する法人税について適用され，同日前に開始した事業年度の所得に対する法人税については，なお従前の例による。

対　応

飲食等のために要する費用を支出交際費等の額から控除するためには，「その飲食等に参加した得意先，仕入先その他事業に関係のある者等の氏名又は名称及びその関係」が記載された書類（例：領収書及び総勘定元帳の摘要欄など）の保存義務がある。また，飲食等のために要する費用を「法人税明細書別表十五」の「交際費等の額から控除される費用の額：7欄」に記載する必要がある。

〔総勘定元帳の摘要欄の記載例〕

　　　　　　　飲食店名　相手先参加者氏名　自社参加者氏名
　　飲食代－××店・△△△△・××××他○名　　　　　　　　　　（宮森　俊樹）

参考条文・判決等
措法61の4①②⑥三，措令37の4，37の5①，措規21の18の4，令和6年改正法附則38
令和6年改正措令附則16

46 使途不明金の種類と税務処理

CASE

当社は，多数の営業社員を抱えており，部課ごとに営業費の名目で一定金額の枠を与えていることから，領収書の取れない経費もかなり多額に発生しています。もちろん，賄賂やウラ献金の類いはありません。

ところで，使途不明金については厳しく課税が行われると聞いていますが，当社の場合には，どのような問題があるでしょうか。また，改善すべき点は何でしょうか。

検　討

まず，最初に理解しておかなければならないのは，使途秘匿金と使途不明金の違いについてである。

端的に言えば，使途秘匿金とは使い道を隠しているお金であり，一方使途不明金とは使い道の分からなくなっているお金である。

なお，使途秘匿金とされた場合は重課対象となるが，法律でその定義規定が置かれており，「相当の理由がなく，（支出した）相手方の氏名……住所……その事由を……帳簿書類に記載していないもの」に限られている。

したがって，本CASEのように領収書がない場合でも，正しい相手方の氏名等を帳簿に記載していれば使途秘匿金に該当せず重課対象となることはない。

しかし，重課対象とはならなくても，従来と同様に使途が明らかでないとして，損金算入を否認されたり，支出担当者（多くは役員）の給与（賞与）とされる場合もあるから，使途不明金の考え方をここで整理しておく。

企業の経理上，使途不明金が発生するのは概ね次のようなケースであろう。

① 使途秘匿金
② 立証不能費用
③ 全く使途が不明ないし忘れた場合
④ 渡切経費

本CASEの場合には，②の立証不能費用が多額となるのであろう。こ

の原因としては領収書を取らないのが通常である費用（例えば，電車賃・出先からの連絡電話料等）や，心理的に領収書を取るのがためらわれる費用（例えば，お車代や接待場所でのチップ等）が多額に発生するものと思われる。

これらについては，接待伝票や通信交通費精算書など社内管理伝票を整備しておけば，通常は問題になることはなかろう。

また，同族会社，特に一族経営の場合には現金の流れの明確化も重要である。小口現金が社長のポケットマネーと区別できないようでは，同族関係者などのこうした支出まで否認の材料となりかねない。

また，部課ごとに一定の営業費を認めているとのことなので，③の全くの不明費用が生ずる余地がないとはいえない。課税の厳格化という風潮の中，こうした不明金が使途秘匿金の取扱いを受けないとも限らない。これは，ひとえに管理の問題となってしまうが，支出伝票の徹底を図るべきである。どうしてもできない場合には，④の渡切経費制度，すなわち渡切支給を受けた者の給与扱いにする方法を考えざるを得ないケースもあり得よう。

対　応

同族会社，それも現金管理が一族に偏っている場合に，不幸にして使途不明金が発生した場合の税務処理をまとめておく。

① 使途秘匿金とされる場合……法人税及び法人税重課
② 役員給与となる場合……法人税及び所得税
③ 役員貸付金となる場合……認定利息につき法人税
④ 役員から外部に流出したと認定した場合……使途不明金として法人税

通常は，使途秘匿金又は役員給与と認定されるのが最も税負担が大きいであろう。これらをなくす努力，管理の努力を怠りなく行うことが重要である。

（岡田　利夫）

参考条文・判決等
法基通9－7－20，措法62

47 会費制パーティーと協賛パーティーの交際費課税

CASE

A法人が創立20周年記念パーティーをホテルで行い,その費用が1,000万円でしたが,取引先からのお祝金が600万円あったとした場合には,A法人が実質的に負担した交際費の額は,400万円となります。常識的には交際費課税は,400万円について行われるように思いますが,租税特別措置法上の交際費等の額は,「法人が支出する交際費等の額」と規定されていますので,交際費課税は,1,000万円について行われるそうですが,本当ですか。

検 討

租税特別措置法における交際費の取扱いについては,A法人の支出した交際費1,000万円,同会社の受け入れたお祝金600万円として,次のように会計処理することになると思われる。

(借) 交際費　1,000万円　　(貸) 雑収入　　600万円
　　　　　　　　　　　　　　(貸) 現金預金　400万円

ところで,お祝金を支出した取引先について考えてみると,取引先のお祝金も,下記の交際費等の規定に照らした場合,「得意先,仕入先に対する贈答」に当たり,交際費等に該当することとなる。そして,A法人の創立20周年記念パーティー費用も,取引先のお祝金もともに交際費課税から除外する費用に該当しないから,いずれも交際費課税の対象となる交際費等に該当することになる。すなわち,A法人のパーティー費用1,000万円のために,A法人1,000万円,取引先600万円,計1,600万円の支出が交際費課税の対象となる交際費等に算入される結果となる。

これを筆者は,"交際費の重複課税"と呼んでいる。しかし,交際費課税が,法人単位として規定され,かつ,創設の趣旨に,一種の懲罰的な含みがあったという経緯からすれば,A法人と取引先とは,人格を別にしており,租税特別措置法上は,やむを得ないと解する以外に仕方のないものと思われる。租税特別措置法61条の4に規定されている交際費課税の特例は,昭和28年に創設された制度である。そして,交際費等の範囲については,「交際費等とは,交際費,接待費,機密費,その他の費用で,法人が,

その得意先，仕入先その他事業に関係ある者等に対する接待，きょう応，慰安，贈答その他これらに類する行為のために支出するもの（専ら従業員の慰安のために行われる運動会，演芸会，旅行等のために通常要する費用その他政令で定める費用を除く。）をいう」と規定されている。

　また政令には，交際費等から除外する費用を次のように規定している。
「一　カレンダー，手帳，扇子，うちわ，手ぬぐいその他これらに類する物品を贈与するために通常要する費用
　二　会議に関連して，茶菓，弁当その他これらに類する飲食物を供与するために通常要する費用
　三　新聞，雑誌等の出版物又は放送番組を編集するために行われる座談会その他記事の収集のために，又は放送のための取材に通常要する費用」

　すなわち，規定上受け入れた会費を交際費課税から除外するという文言は，どこにもないといえる。

対　応

　考え方を変えて例えば，取引先も協賛して，A法人の創立20周年記念パーティーを行うこととして，お祝金をやめて「A法人創立20周年記念費用負担金」として取引先の幹事が，各取引先から分担金を集めて，別会計として直接ホテルに支払ったとした場合には，A法人の支払った交際費の額は400万円となるから交際費課税は，400万円となり，交際費の重複課税は生じないものと思われる。このように現在の交際費課税の規定は，法人別に，その支払った交際費等の額として定められているから，記念行事等については，その取引先自体が共同して各々のお祝金をやめて，協賛として積極的にその行事に参加することとして，交際費の重複課税の適用を受けないように配慮する必要があるのではないかと思われる。なお，協賛という形態がなく単に会費のみの場合には，会費が一応A法人の所有になり支出されるということから考えて，交際費の重複課税を避けることは，難しいと思われる。

（右山　昌一郎）

参考条文・判決等
　措法61の4，措令37の4，37の5

48 交際費等に係る控除対象外消費税等の取扱い

CASE

当社は資本金1,000万円の中小法人です。当社の事業内容は大きく2つの部門に分かれており、1つは居住用不動産を所有し賃貸料収入を得ること、もう1つは不動産の売買等に係る仲介やコンサルティング業務により収入を得ることです。

消費税法上、居住用不動産の賃貸料収入は非課税売上、仲介やコンサルティング業務に係る収入は課税売上となり、課税売上割合は例年60％程度となります。

当社は両部門ともに営業に力を入れており、そのため飲食代等の接待交際費も多く発生しています。

法人税法上、交際費等の損金算入は一部制限されると聞いていますが、具体的にはどのような取扱いをすればよろしいでしょうか。

検 討

1 控除対象外消費税等の発生

資本金1億円以下の法人（大会社の完全支配子会社等を除く。）の支出する交際費等は、その支出額のうち年800万円の定額控除限度額を超える金額又は接待飲食費の50％相当額を超える額とのいずれか少ない金額が損金不算入とされる。

この損金不算入となる金額を算出する場合において、交際費等の額に消費税等が含まれている場合には、次のように取り扱われる。

① 税込経理方式の場合

消費税等込みの価額を交際費等として計上しているので、その消費税等込みの交際費等の額を基に損金不算入額を計算する。

② 税抜経理方式の場合

消費税等は仮払消費税等として経理され、消費税等抜きの価額を交際費等として計上するので、その消費税等抜きの交際費等の額を基に損金不算入額を計算する。

ただし、その事業年度において、課税期間中の課税売上高が5億円超又は課税売上割合が95％未満となったときに、仕入税額控除ができなかった消費税等の額（以下「控除対象外消費税等」という。）がある場合には、

消費税等抜きの交際費等の合計額に，交際費等に係る消費税等の額のうち，その控除対象外消費税等の額に相当する金額を加えた額を交際費等の額として，交際費等の損金不算入額を計算することになる。

2　控除対象外消費税等を加算する理由

交際費等に含まれている消費税等のうち控除対象外消費税等となったものについては，たとえ仮払消費税として経理しても仮受消費税等とは相殺されず，最終的には租税公課等として損金の額に算入することとなる。交際費に係る仮払消費税は，その実質は交際費等そのものである。したがって，控除対象外消費税等とされる交際費等に係る消費税等については，交際費等の金額として損金不算入額を計算することになるということである。

3　具体的な計算例（単純化のため，交際費等は全額損金不算入とする。）

・税抜経理方式を採用
・消費税は一括比例配分方式
・課税仕入80,000円（仮払消費税等8,000円）
・上記課税仕入のうち10,000円（仮払消費税等1,000円）が交際費等
・課税売上割合は60％

① この場合，控除対象外消費税等の金額は

8,000円×（1－0.6）＝3,200円となる。

この金額は租税公課等として損金経理される。

② 交際費等に係る控除対象外消費税等の金額は

1,000円×（1－0.6）＝400円となる。

この金額が，別表15において交際費等の金額10,000円とともに損金不算入額となる。

対　応

法人の支出する交際費等については，この控除対象外消費税等のことを失念してしまうことが多い。特に課税売上割合が低い場合には，意外とその金額が大きくなることも想定されるので注意する必要がある。

なお，税込経理方式を採用している場合に，交際費等だけ申告調整による税抜処理をすることは認められない。

（玉ノ井　孝一）

参考条文・判決等
措法61の4②，平元3直法2－1

VI 貸倒損失・貸倒引当金

49 貸付金に対する貸倒損失の計上

CASE

当社は，取引先Ａ社に対し300万円の売掛金を有していますが，1年以上にもわたって回収できません。そこで，この債権に対する金利も請求することとし，Ａ社との間で金銭貸借契約を結び，経理上も売掛金から貸付金に振り替えたいと思います。この場合，一定期間取引停止後に弁済がない場合における売掛金の貸倒れの取扱いは適用されなくなりますか。

検 討

法人の有する債権について，現実に貸倒れが生じた場合は，所得計算の原則規定である法人税法22条3項により，当然に損金の額に算入される。しかし，債権が現実に貸倒れとなったか否かは，事実認定の問題であり，その判定は困難な場合が少なくない。このため，税法は，貸倒れの発生の判定については，法人の恣意性を排除する見地から，かなり厳格な立場を採っているといってよい。

法人税基本通達では，貸倒損失について，次の取扱いを定めている。
① 貸金等の全部又は一部が切捨てられた場合の法律的な貸金等の消滅に係る貸倒損失の損金算入
② 貸金等につき，債務者の資産状況等からみて，その全額が回収できないことが明らかになった場合の損金経理を要件とした貸倒れ
③ 一定期間取引停止後，弁済がない場合の売掛金等について，備忘価額を控除した残額の損金経理を要件とした貸倒れ

これらの通達のうち，③については，債権の範囲に注意を要する。上記取扱いの①と②では，「貸金等」とし，これは，売掛金，貸付金その他の債権という意味である。

これに対し，③では，「その債務者に対して有する売掛債権（売掛金，未収請負金，その他これらに準ずる債権をいい，貸付金その他これに準ずる債権を含まない）について」としており，貸付金は，上記①と②には含まれるが，③からは除外されている。

税法は，貸金等の貸倒れの判定はその全部について行い，部分的な判定

はしないことを原則としている（上記②）。もちろん，債権が法律的に消滅した場合は，その消滅した金額については貸倒損失と認めている（上記①）。

したがって，上記③の取扱いは，債務者について特定の事実が発生した場合に，債権の部分的貸倒れを認める特例的な緩和措置という位置づけができる。これは，売掛金その他これに準ずる債権（未収加工料，未収請負金等をいう。）については，貸付金債権のように回収が滞っても，直ちに債権確保の手段が講じにくいことを考慮したものである。

要するに，一般の法人の場合，貸付金についてまでこうした特例的扱いをする必要がないことから，上記③では貸付金を除外しているわけである。

ところで，本CASEでは，売掛金の回収が長期間滞ったため，債権者において金利を確保する等の目的で，貸借契約を締結し，貸付金に振り替えるというもので，これを準消費貸借契約という。問題は，この場合にも上記③の取扱いが適用されるか否かであるが，本来の債権が売掛金であっても，準消費貸借契約を締結することにより，その性格は法律的にも貸付金に変わるとみるべきである。したがって，1年以上の長期にわたり弁済がないとしても，上記③の取扱いは適用されないものと解される。

対　応

債権に対する金利を確保し，なおかつ，回収可能であれば，売掛金を貸付金とする準消費貸借契約は債権者にとって得策である。しかし，貸倒損失による税務的な対策を期待する場合は，売掛金としておく方がよい。

（川島　雅）

参考条文・判決等
民法588，173，法法22，法基通9－6－1〜9－6－3

50 得意先が更生計画認可の決定を受けた場合の処理

CASE

当社の得意先であるＡ社は，会社更生法による更生手続開始の申立てをしました。
当社は，Ａ社に対し売掛債権を有しておりますので，貸倒処理をしたいと考えております。税務上この処理は認められるでしょうか。

検 討

1 更生手続の開始の申立てがあったとき

Ａ社は，当然債務の全額は弁済できない状態にあるが，会社再建の意思を有しており，債務の一部については，弁済を受けられる可能性がある。したがって，売掛債権全額を貸倒処理することは認められない。

会社更生法の規定による更生手続開始の申立てがなされた時点では，売掛債権（実質的に債権とみられない部分の金額等を除く。）の50％相当額が貸倒引当金繰入限度額の対象となる。

2 更生計画の認可決定があったとき

① 更生計画の認可決定により切り捨てられる債権の金額は，貸倒れとして損金に算入される。

② 更生計画の認可決定により個別評価金銭債権が次に掲げる事由に基づいてその弁済を猶予され，又は賦払いにより弁済される場合には，当該個別評価金銭債権の額のうち，当該事由が生じた事業年度終了の日の翌日から5年を経過する日までに弁済されることとなっている金額以外の金額（担保権の実行その他によりその取立て又は弁済の見込みがあると認められる部分の金額を除く。）が貸倒引当金繰入限度額計算の対象となる。

　(ア) 会社更生法又は金融機関等の更生手続の特例等に関する法律の規定による更生計画認可の決定
　(イ) 民事再生法の規定による再生計画認可の決定
　(ウ) 会社法の規定による特別清算に係る協定の認可の決定
　（以下略）

Ⅵ 貸倒損失・貸倒引当金

　なお，対象とされる金銭債権の額から除かれる「担保権の実行により取立て等の見込みがあると認められる部分の金額」とは，質権，抵当権，所有権留保，信用保険等によって担保されている部分の金額をいう。

対　応

1　法人税基本通達9－6－1に破産の場合が規定されていない理由

　法人税法施行令96条1項1号のハには会社法の規定による「特別清算に係る協定の認可の決定」の事由が規定してあり，同項3号のハには破産法の規定による「破産手続開始の申立て」の事由が規定してあるが，法人税基本通達9－6－1には切り捨てられることとなる事実としては破産の場合は規定されていない。

　これは，破産法においては破産債権に対する配当はあっても会社更生法の更生債権の場合のように，切捨ての仕組みがないからである。

　したがって，例えば，裁判所が破産財団をもって破産手続の費用を賄うに足りないと認めるときに，破産手続開始と同時に行う同時破産廃止がなされ免責許可決定があったとき，若しくは，配当が完了し，債権者集会が終結して破産終結決定があったときのように，最終的に，法律上債権が消滅し回収不能となった段階で，法人税基本通達9－6－1により貸倒れの処理をすることとなる。

2　得意先の経営及び財務の状況を適切に把握する

　得意先が会社更生法の適用を申請するような事態に至る前に，連鎖倒産によるような場合を除いて，例えば，売掛金の支払が遅延し始めるとか，取引先に資金の借入れを申し出るようになった等何らかの兆候が現れるものである。そのような場合には現金払いで販売する等防御手段を講ずる等の配慮が必要であろう。

（岡﨑　和雄）

参考条文・判決等

法法52，法令96①一，法規25の2，法基通9－6－1

VII グループ法人税制等

51 完全支配関係がある内国法人間の寄附金

CASE

内国法人である親会社Ａ社から内国法人である子会社Ｂ社に運転資金を無利息で貸し付けています。その利息相当額は，期末において80万円となっています。

親会社Ａ社及び子会社Ｂ社は，いわゆる完全支配関係（法法２十二の七の六）に該当している場合における無利息貸付けの法人税法上の取扱いについて教えてください。

検 討

親会社Ａ社の受取利息80万円は，その金額が寄附金として損金不算入となる。また，子会社Ｂ社の支払利息80万円は，その金額が受贈益として益金不算入となる。

1　完全支配関係がある場合

(1) 寄附金の損金不算入

内国法人が各事業年度においてその内国法人との間に完全支配関係がある他の内国法人に対して支出した寄附金の額は，その内国法人の各事業年度の所得の金額の計算上，損金の額に算入しない。

(2) 受贈益の益金不算入

内国法人がその内国法人との間に完全支配関係（法人による完全支配関係に限る。）がある他の内国法人から受けた受贈益の額（寄附金の損金不算入（法法37）の規定を適用しないとした場合にその他の内国法人の各事業年度の所得の金額の計算上損金に算入される寄附金の額（法法37⑦）に対応するものに限る。）は，その内国法人の各事業年度の所得の金額の計算上，益金の額に算入しない。

2　完全支配関係がない場合

(1) 寄附金の損金不算入

内国法人が各事業年度において支出した寄附金の額（上記1(1)の規定の適用を受ける寄附金の額を除く。）の合計額のうち，その内国法人のその事業年度終了の時の資本金等の額又はその事業年度の所得の金額を基礎として計算した損金算入限度額（法令73）を超える部分の金額は，その内国法

人の各事業年度の所得の金額の計算上，損金の額に算入しない。
(2) 受贈益の益金算入
　内国法人の各事業年度の所得の金額の計算上その事業年度の益金の額に算入すべき金額は，別段の定めがあるものを除き，資産の販売，有償又は無償による資産の譲渡又は役務の提供，無償による資産の譲受けその他の取引で資本等取引以外のものに係る当該事業年度の収益の額とする。
3　完全支配関係の定義
　完全支配関係とは，一の者が法人の発行済株式等の全部を直接若しくは間接に保有する関係として一定で定める関係（以下「当事者間の完全支配の関係」という。）又は一の者との間に当事者間の完全支配の関係がある法人相互の関係をいう。

対　応

　平成22年10月1日以後に支出する寄附金から，完全支配関係がある内国法人間（いわゆる「グループ法人単体課税」及び「連結納税制度」の適用法人）の寄附金については，支出法人において全額損金不算入とするとともに，受領法人において全額益金不算入とすることとなった。
　これに対して完全支配関係のない内国法人間の寄附金については，従来どおり支出法人において一定の損金算入限度額を超える金額を損金不算入とするとともに，受領法人においては全額益金算入とされることとなる。
　また，上記1の規定は，「内国法人がその内国法人との間に完全支配関係（法人による完全支配関係に限る。）」と規定されている。そこで，適用対象法人については，内国法人による完全支配関係がある場合の寄附金に限定され，個人が完全支配関係の株主となっているときの寄附金については適用がないことに留意が必要である。

（宮森　俊樹）

参考条文・判決等
法法2十二の七の六, 22②, 25の2①, 37①②③, 81の6②

52 100%グループ内の清算中法人等の株式評価損

CASE

当社（P社）は子会社（S社）の発行済株式の100%を保有していますが，S社は業績不振を理由に現在清算中の状態です。

P社（親会社）では，子会社の清算手続きに時間を要することから，この子会社株式（S社株式）について評価損を計上した場合，損金の額に算入することはできますか。

検　討

1　100%グループ内の子会社株式の消滅損，欠損金の引継ぎ

グループ法人税制（グループ法人単体課税）の導入によって，親会社（内国法人）が完全支配関係(注)のある子会社（内国法人）の解散による残余財産の分配により金銭その他の資産の交付を受けた場合，又は子会社（内国法人）の株式を有しないこととなった場合（残余財産の分配を受けないことが確定した場合を含む。）には，有価証券の譲渡損益の計算上，譲渡対価の額は譲渡原価の額に相当する額として，譲渡損益を計上しないこととされたため留意が必要である。

なお，消滅損部分の金額は，株主である法人において，これを資本金等の額の減少とすることとされる。

子会社株式消滅損が損金の額に算入されないこととなったが，その一方で，子会社の青色未処理欠損金を親会社が引き継ぐこととされた。

【適用関係】

この改正は，平成22年10月1日以後に解散が行われる場合に適用する。

(注)　完全支配関係とは，次に掲げる関係をいう。

① 一の者が法人の発行済株式等の全部を直接若しくは間接に保有する関係《当事者の完全支配の関係》

② 一の者との間に当事者間の完全支配の関係がある法人相互の関係

2　100%グループ内の清算中法人等の株式評価損

平成22年度税制改正では，残余財産の確定前における子会社株式の評価損の計上に関して，評価損の損金計上と残余財産確定時の欠損金の引継ぎとの二重適用が疑問視されていた。

この問題に対応して，平成23年度税制改正により，100％グループ内の清算中法人等の株式の評価損の計上については，次のとおり取扱いが規定された。
　内国法人がその内国法人との間に完全支配関係がある他の内国法人で次に掲げるものの株式又は出資を有する場合におけるその株式又は出資については，評価損の額を損金の額に算入しないこととされた。
① 　清算中の内国法人
② 　解散（合併による解散を除く。）をすることが見込まれる内国法人
③ 　内国法人でその内国法人との間に完全支配関係がある他の内国法人との間で適格合併を行うことが見込まれるもの

【適用関係】
　この改正は，平成23年6月30日以後に行う評価替え及び同日以後に生ずる再生計画認可の決定があったこと等の事実について適用する。

対　応

　平成23年度税制改正後は，法令上の不備が解消され，完全支配関係のある子会社が清算中である場合又は解散が見込まれる場合には，子会社株式の評価損の損金算入はできなくなり，清算結了時に子会社株式消却損として損金算入もされないことから，残余財産確定後に子会社の青色未処理欠損金を親会社が引き継ぐことに整理された。
　なお，本取扱いは，完全支配関係のある全ての子会社株式が対象ではないので，解散が見込まれる前の段階において評価損の計上を検討することは有効であろう。

（北川　裕之）

参考条文・判決等
法法2十二の七の六, 33⑤, 61の2⑰, 法令4の2②, 8①二十二, 68の3

53 100％グループ法人間における受取配当等の益金不算入

CASE

連結納税制度におけるメリットの一つとして，受取配当の益金不算入額の計算上，負債利子の控除が不要とされています。
連結納税を選択していない100％支配関係にあるグループ法人間における配当について，負債利子はどのように取り扱うこととなりますか。

検 討

1 取扱い

平成22年度税制改正では，100％資本関係の企業グループが経済的に一体であることを課税制度に反映するグループ法人税制（グループ法人単体課税）が導入された。グループ法人間の取引については，課税の中立性から損益を計上しないという考え方を基礎として，法人税法上，グループ法人特有の取扱いが別段の定めとして規定されている。

完全子法人株式等に係る受取配当等については，負債利子を控除しない。
したがって，全額が益金不算入とされ，所得金額は負債利子相当額だけ減少することとなる。

なお，平成27年の改正後，内国法人が受け取る配当等の額は，次の区分に応じた金額が益金不算入とされる。

区 分	株式保有割合	益金不算入額
完全子法人株式等	100％	受取配当等の全額
関連法人株式等	1／3超	受取配当等の額から負債利子を控除した金額
その他の株式等	5％超1／3以下	受取配当等の額の50％
非支配目的株式等	5％以下	受取配当等の額の20％

(注) 平成27年4月1日以後に開始する事業年度について適用する。

2 完全子法人株式等

完全子法人株式等とは，配当等の計算期間を通じて内国法人との間に完全支配関係(注)があった他の内国法人（公益法人及び人格のない社団等を除く。）の株式又は出資をいう。

Ⅶ　グループ法人税制等

(注)　完全支配関係とは，次に掲げる関係をいう。
①　一の者が法人の発行済株式等の全部を直接若しくは間接に保有する関係《当事者の完全支配の関係》
②　一の者との間に当事者間の完全支配の関係がある法人相互の関係

対　応

1　完全子法人株式等の範囲

　法人が株式等の全部を直接又は間接に保有していない他の内国法人から配当等の額を受けた場合に，その配当等の額の計算期間を通じて当該法人と当該他の内国法人とが同一の100％グループに属する法人であるときは，当該他の内国法人の株式等の保有割合にかかわらず，その配当等の額の全額が益金不算入とされる。

〔例〕

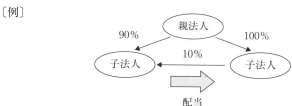

2　負債利子非控除の取扱いの拡張

　従来，連結納税制度採用のメリットとされていた100％グループ内の受取配当等に係る負債利子非控除の取扱いは，連結納税を採用していない完全支配関係にある法人間の受取配当等についても共通して適用されることとなった。
　したがって，連結納税を選択していない企業グループにおいても，より機動的な配当政策が行うことができる。

3　負債利子非控除の見直し

　令和4年4月1日以後開始する各事業年度からは，関連法人株式等に係る配当等の額の益金不算入額から控除される負債利子の額は，その配当等の額の4％相当額（その事業年度に支払う負債利子の額の10％相当額を上限）とされた。

(北川　裕之)

参考条文・判決等
法法22の七の六，23①④⑤，法令4の2，22，22の2，法基通3－1－9

54 通算グループからの離脱と申告期限延長特例の実務上の留意点

CASE

通算親法人が通算子法人である当社の発行済株式50％を通算グループ外の第三者に譲渡したことから，当社は通算グループから離脱することになりました。離脱日の前日までの事業年度や離脱日以後の事業年度の申告期限について実務上の留意点を教えてください。

検　討

　通算グループから離脱する場合に，離脱日の前日までの事業年度は，通算申告の延長特例を継続できるようになった。一方，通算法人は通算グループ加入前の単体申告の延長特例につきいったん失効することとされたため，法人税では離脱日以後の事業年度につき単体申告の延長特例を新たに申請する必要がでてくる。

　以下においては，通算グループ加入や離脱時における申告期限の延長特例につき法人税，住民税及び事業税の税目別に実務上留意すべき点を検討する。

1　法人税の延長特例

　法人税の単体申告では，一定の場合に申告期限を1月間延長できる特例（以下「単体申告の延長特例」という。）が設けられ，グループ通算制度では通算親法人の申請により全通算法人が申告期限を2月間延長できる特例（以下「通算申告の延長特例」という。）が設けられている。通算子法人は通算申告の延長特例を受けるために法人税では自ら申請を要しない。

　通算子法人が通算グループから離脱する場合に，離脱日の前日までの事業年度についても通算申告の延長特例が引き続き有効とされたため，離脱時の申告実務には有意義な改正といえよう。一方，通算法人は通算グループ加入前に受けた単体申告の延長特例につきいったん失効する仕組みとされたため，離脱日以後の事業年度について単体申告の延長特例を受ける場合には離脱した法人自らその延長を受けようとする事業年度終了の日までに法人税の申請が必要となる。

2　住民税と事業税の延長特例

(1)　住民税の届出

住民税の申告期限は法人税の申告期限に一致するものの，法人税の申告期限の変更に伴い住民税の届出が必要となる。通算グループ加入日以後の通算申告する事業年度や，通算グループからの離脱日以後の単体申告する事業年度について，これらの事業年度終了の日から22日以内に住民税の届出をする必要がある。

(2) 事業税の申請

事業税では各通算法人が申告期限を2月間延長できる特例（以下「通算法人の事業税の延長特例」という。）を最初に適用を受けようとする事業年度終了の日から45日以内に通算法人ごとに申請できる。

通算子法人が通算グループから離脱する場合に，離脱日の前日までの事業年度についても通算法人の事業税の延長特例が引き続き有効とされたため，離脱時の申告実務には有意義な改正といえよう。

一方，通算グループ加入前に受けた事業税の単体申告の延長特例は失効せず，離脱日以後の事業年度については申請を要せず事業税の単体申告の延長特例を受けることになる。

なお，通算グループ加入前に事業税の単体申告の延長特例を受けていない，あるいは通算グループ内で設立された通算子法人が離脱日以後の事業年度について事業税の単体申告の延長特例を受ける場合には，その延長を受けようとする事業年度終了の日までに事業税の申請が必要となる。

(3) 届出書と申請書の様式

東京都の様式では住民税の届出書も事業税の申請書も1枚に集約され上下に各々を記載する構造となっている。提出期限は各々異なるが実務的には早めに提出しておくことになろう。

対　応

単体申告の延長特例がグループ通算制度を経由すると法人税はいったん失効するのに対し事業税は有効を維持する。離脱時には法人税の単体申告の延長特例申請を念頭に事業税の延長特例状況の把握にも留意されたい。

(杉山　一紀)

参考文献・判決等
法法75の2①⑪一二五六，地法53①㊿，72の25③⑤，321の8①，地令24の4，24の4の3，地規3の3①一

VIII 税額の計算・税額控除

55 取引先持株会からの配当に係る所得税額控除

CASE

中小企業である当社は，主要販売先に大手企業があり，いわゆるその大手企業の下請企業グループの一社であります。その大手企業には安定株主対策として取引先持株会があり，当社も古くからその取引先持株会に参加しています。取引先持株会を通じて取得した株式の配当に係る源泉所得税等の税額控除について，どのような計算をすればよろしいのでしょうか，またその際の留意点はありますか。

検 討

取引先持株会では，定期的に，同じ金額で，継続的に株式を買い付ける「ドル・コスト平均法」が主流となっている。この方法によれば，株価が安い時は多く，高い時は少なく，株式を購入することとなり，投資リスクを減少させることが可能となる。つまり，毎月定額を取引先持株会に出資している場合には，毎月の取得株式数がその月々の株価によって変動することになる。

1 原 則 法

株式に係る所得税額控除の計算を原則法によった場合には，元本の銘柄ごとに区分し，さらに利子配当等の計算期間終了時の所有数を所有期間の異なるものに区分する。そして，その銘柄に係る源泉所得税等を所有期間の異なるものの区分ごとに按分して計算しなければならない。

取引先持株会に毎月出資していて，配当計算期間が6か月であるとすると，所得税額控除の計算は次の手順となる。

---

① 利子配当等の計算期間終了時の所有数を，1か月所有のものから6か月所有のものに分ける。
② 所有期間の異なるごと（1～6か月）に源泉所得税等を計算期間終了時所有数に対する所有期間ごとの所有数で按分して，さらに6か月に対するそれぞれの元本所有月数（所有期間割合：小数点以下3位未満切上げ）を乗じる。
③ 所有期間の異なるごとに計算した結果を集計する。

原則法による計算は，非常に煩雑であり，また月ごとに取得した株式数が明確に判明していない場合には計算することができない。そこで，このような場合には簡便法を用いることとなる。

2 簡 便 法

まず，利子配当等の計算期間の期首と期末の元本の数を比べ，期首と比較して期末の株数が少ない場合は，全額控除する。一方，期末の株数が多い場合，期首に所有していたものは計算期間を通じて所有されていたものとみなし，それを超える計算期間中の増加分は計算期間の中央で取得しその後所有していたとして計算する。

取引先持株会から取得した株式の配当に係る所得税額等は，実務上簡便法によって計算される場合が多いと思われるため，その計算手順を示すこととする。

・計算期間期首………10,000株
・計算期間期末………16,000株
・源泉所得税等………5,000円
① （期末株数－期首株数）／2＝（16,000株－10,000株）／2＝3,000株
② （期首株数＋①）／期末株数＝（10,000株＋3,000株）／16,000株＝
　　　　　　0.813（所有元本割合：小数点以下3位未満切上げ）
③控除税額
　　5,000円×0.813＝4,065円

取引先持株会により取得した株式以外にも，一般の株式を所有している場合において，当該取引先持株会の株式に簡便法を適用した場合には，一般の株式に係る源泉所得税についても簡便法が適用されることになるので留意が必要である。原則法と簡便法は，毎期有利な方法を選択することができるので，毎月送付される取引先持株会明細書を整理保存し，比較検討に努める必要がある。

（中村　彰宏）

参考条文・判決等
法法68①，法令140の2①②③

56 製品・技術開発に係る試験研究費と人件費の範囲

CASE

当社では人的な余裕がないために，たとえ専門的知識を有する者であっても試験研究以外の業務と兼務して試験研究に取り組まざるを得ません。この専門的知識を有する者が試験研究以外の業務を兼務してしまうと，専ら試験研究業務に従事しているとはいえないことから，試験研究費の税額控除制度は適用されなくなりますか。

検 討

1 製品・技術開発に係る試験研究費と人件費の範囲

製品・技術開発に係る試験研究費とは，製品の製造又は技術の改良，考案若しくは発明に係る試験研究（新たな知見を得るため又は利用可能な知見の新たな応用を考察するために行うものに限る。）のために要する原材料費，人件費（専門的知識をもって当該試験研究の業務に専ら従事する者に係るものに限る。）及び経費とされ，たとえ研究所等に専属する者に係るものであっても，例えば事務職員，守衛，運転手等のように試験研究に直接従事していない者に係るものは，これに含まれないことと規定されている。

ここでいう試験研究は，工学的・自然科学的な基礎研究，応用研究及び開発・工業化等を意味するもので，必ずしも新製品や新技術に限らず，現に生産中の製品の製造や既存の技術の改良等のための試験研究であってもよいと考えられている。

しかし，人文・社会科学関係の研究は，製品の製造又は技術の改良，考案もしくは発明に係る試験研究とは考えられていない。このため，単なる製品のデザイン考案などは試験研究から除かれることになる。

2 専ら従事する者の判断

「専門的知識をもって当該試験研究の業務に専ら従事する者」とは，試験研究部門に属している者や研究者としての肩書を有する者等の試験研究を専属業務とする者や，研究プロジェクトの全期間中従事する者のほか，次の各事項の全てを満たす者もこれに該当するとの取扱いが示されている。

① 試験研究のために組織されたプロジェクトチームに参加する者が，研究プロジェクトの全期間にわたり研究プロジェクトの業務に従事するわけではないが，研究プロジェクト計画における設計，試作，開発，評価，分析，データ収集等の業務（フェーズ）のうち，その者が専門的知識をもって担当する業務（以下「担当業務」という。）に，当該担当業務が行われる期間，専属的に従事する場合であること
② 担当業務が試験研究のプロセスの中で欠かせないものであり，かつ，当該者の専門的知識が当該担当業務に不可欠であること
③ その従事する実態が，概ね研究プロジェクト計画に沿って行われるものであり，従事期間がトータルとして相当期間（概ね1か月（実働20日程度）以上）あること。この際，連続した期間従事する場合のみでなく，担当業務の特殊性等から，当該者の担当業務が期間内に間隔を置きながら行われる場合についても，当該担当業務が行われる時期において当該者が専属的に従事しているときは，該当するものとし，それらの期間をトータルするものとする
④ 当該者の担当業務への従事状況が明確に区分され，当該担当業務に係る人件費が適正に計算されていること

対　応

　企業のコスト削減に伴う人員の合理化などにより，試験研究業務に従事するあり方も変化し，専ら従事しているかの判断が困難になってきている。このため，人件費の集計にあたっては，試験研究部門全体の集計ではなく各人別の集計と従事状況とを照合したうえで，税額控除の対象となり得る人件費が適正に集計されているかを確認することが求められる。

（杉山　一紀）

参考条文・判決等
措法42の4⑲一，措令27の4⑤，措通42の4(1)-1，2，3，措通42の4(2)-3，平15課法2-28

57 サービス開発に係る試験研究費と人件費の範囲

CASE

平成29年度の税制改正では「試験研究費」の範囲の見直しが行われ，試験研究を行った場合の税額控除制度（以下「研究開発税制」といいます。）の支援対象に，これまでの製造業による「モノ作り」の研究開発に加え，ビッグデータ等を活用した第4次産業革命型の「サービス」の開発も新たに追加されています。当社は従来から製品・技術開発に係る試験研究を行ってきましたが，サービス開発に係る試験研究を今後実施するにあたり人件費の範囲や計上時期などに留意点はありますか。

検　討

1　試験研究費の範囲の見直し

　製品・技術開発に係る試験研究費は，製品の製造又は技術の改良，考案若しくは発明に係る試験研究（新たな知見を得るため又は利用可能な知見の新たな応用を考察するために行うものに限る。）のために要する費用とされている。ここでいう試験研究は，工学的・自然科学的な基礎研究，応用研究及び開発・工業化等を意味するもので，必ずしも新製品や新技術に限らず，現に生産中の製品の製造や既存の技術の改良等のための試験研究であってもよいと考えられている。

　一方，サービス開発に係る試験研究費は，対価を得て提供する新たな役務の開発にかかる試験研究のために要する費用とされている。この場合の試験研究は，対価を得て提供する新たな役務の開発を目的として，次に掲げるもののすべてが行われる場合における，それぞれのものとなる。

① データの収集（既に有するビッグデータを含む。），② データの分析，③ サービスの設計，④ サービスの適用

　対象となる事例として，ドローン，人工衛星，センサーやウェアラブルデバイス等を活用した自然災害予測サービス，農業支援サービス，ヘルスケアサービス，観光サービスなどが示されている。事例で示されたサービスでは，データ収集・分析のうえで的確な予測の提供や効果的な情報の配信などの新たなサービスの設計・運用といった高付加価値が期待されるビ

ジネスモデルが掲げられていることから，研究開発税制の適用事業者数は今後拡大するものと考えられている。

　研究開発税制が業種・分野を限定することなく幅広い業種・分野での適用可能性を拡充したことで，あらゆる産業の革新的なイノベーションに資する制度として，企業の創意工夫ある自主的な研究開発投資を促進するものと期待されている。将来の競争力を高めるために多くの企業がこれらの制度を有効活用されることを望みたい。

対　応

1　人件費の集計

　試験研究費は複数の勘定科目にわたり処理されるケースが多いため，その範囲や集計対象をあらかじめ考慮のうえ設定しておくことが重要となってくる。加えて，人件費の集計にあたっては，試験研究部門全体の集計ではなく各人別の集計と従事状況とを照合したうえで，税額控除の対象となりうる人件費が適正に集計されているかを確認することが必要である。

　特に，サービス開発に係る試験研究費の範囲に含まれるのは，情報解析専門家でその専門的な知識を持って試験研究の業務に専ら従事する者にかかる人件費に限られている点に留意する必要がある。すなわち，情報解析専門家でない者の人件費は試験研究費に含まれないのである。

2　兼任者の人件費の取扱い

　「試験研究費税額控除制度における人件費に係る『専ら』要件の税務上の取扱いについて」において，兼任者の人件費について従来の取扱いが示されているので，情報解析専門家の人件費の検討にあたり参考とされたい。

3　試験研究費の計上時期

　現行制度上は，製品・技術開発に係る試験研究費とサービス開発に係る試験研究費とを区別することなく，一括して試験研究費として控除限度額計算が行われる取扱いとなっているため，試験研究費の計上時期が税額控除額に影響を及ぼすことになる点に留意する必要がある。

（杉山　一紀）

参考条文・判決等
措法42の4⑲一，措令27の4⑤⑥⑦，措通42の4(1)－1，2，3，4，5，6，措通42の4(2)－3，平15課法2－28

58 試験研究費と繰延資産

CASE

試験研究費は，平成19年度改正により，税法上の繰延資産の範囲から除かれる改正がされましたが，従前の取扱いのように繰延資産として資産計上したうえで随時償却とすることは可能でしょうか。

検 討

税務上の取扱いの改正は，会社法の制定及び企業会計の取扱いに対応したもので，各々の取扱いは次のとおりである。

1 会社法上の取扱い

繰延資産については，従前，旧商法施行規則において，8種類（創立費，開業費，研究費，開発費，新株発行費等，社債発行費，社債発行差金，建設利息）が限定列挙されていた。

しかし，平成18年5月施行の会社法及び会社計算規則において，繰延資産の限定列挙の規定は削除され，「繰延資産として計上することが適当であると認められるもの」は，繰延資産として貸借対照表の資産の部に区分表示すると規定された。そして，具体的な取扱いは，一般に公正妥当と認められる企業会計の基準に委ねられることとなった。

2 企業会計上の取扱い

現行の取扱いとしては，平成10年3月「研究開発費等に係る会計基準」の制定に伴い，研究開発費は発生時の費用として処理することとなった。試験研究費は研究開発費等に包含されると解されることから，繰延資産処理は許容されず，発生時の費用として処理される。

その後，会社法及び会社計算規則の制定を受けて，企業会計基準委員会は，「繰延資産の会計処理に関する当面の取扱い」を平成18年8月に公表し，繰延資産の範囲を創立費，開業費，開発費，株式交付費，社債発行費等（新株予約権の発行に係る費用を含む。）とした。

上記により，会社法上と企業会計上，試験研究費は，繰延資産とはされず，発生時の費用として処理される。

なお，中小企業の会計に関する指針においても同様の改正がなされてい

Ⅷ 税額の計算・税額控除

る。

3 税務上の取扱い

税法上の「繰延資産」とは，法人が支出する費用のうち，支出の効果がその支出の日以後1年以上に及ぶものと規定し，従前，その範囲を旧商法上の繰延資産を列挙の上，そのほか税法固有の繰延資産を規定していた。

しかし，平成19年度税制改正後は，試験研究費は繰延資産の範囲から除かれ，資産計上は認められず，発生時の費用として処理しなければならない。上記改正は，平成19年4月1日以後に支出する試験研究費から適用される。

対　応

1 試験研究費は発生時の費用

税務上も，平成19年4月1日以降に支出する試験研究費は，全て発生時の費用処理が強制されることから，従前の繰延処理（随時償却）は認められない。

2 試験研究費の税額控除の活用

試験研究費の費用処理に関連して，「試験研究費に係る税額控除制度」や中小企業等の場合の「中小企業技術基盤強化税制」の法人税の特別控除制度の適用を検討したい。税額控除の対象となる試験研究費には，「製品の製造又は技術の改良，考案若しくは発明に係る試験研究のために要する費用」と規定され，従前繰延資産とされた試験研究費のように「新たな製品」や「新たな技術」という条件は付されていないことに留意する。

3 剰余金の配当と繰延資産

会社法において，全ての繰延資産は，剰余金の配当における分配可能額の算定上，財源規制の対象となることに留意が必要である。

　　　　　　　　　　　　　　　　　　　　　　　　　（北川　裕之）

参考条文・判決等

法法2二十四，法令14，会計規3，研究開発費等に係る会計基準，繰延資産の会計処理に関する当面の取扱い，中小企業の会計に関する指針（40）

59 試験研究を行った場合の研究開発税制

CASE

企業が製品の製造，技術の改良・考案・発明など技術の改善を目的として行われる試験研究やＡＩ等の情報解析による研究開発などにかかる費用に対する研究開発を行っている場合に法人税額から控除される税額控除制度について教えてください。

検 討

　試験研究費税額控除制度は研究開発投資を維持拡大することにより，イノベーション創出に繋がる中長期の革新的な研究開発等を促し，わが国の成長力・国際競争力を強化することを目的としている。

1　対象となる法人
　青色申告書の提出法人で試験研究費の額について適用がある。

2　対象となる試験研究費の範囲
　製品の製造又は技術改良，考案若しくは発明に係る試験研究のために要する費用，開発中の技術が業務改善によるもの，自然科学に関する研究開発活動に要する費用等が対象とされる。既存データを利活用し情報解析により提供される新サービスの設計等を目的に行われた試験研究費についても対象になる。海外委託研究又は海外支店の研究開発費は除外される。

3　適用要件
　適用を受けるためには，控除を受ける金額を確定申告書等に記載するとともに，その金額の計算に関する明細書を添付して申告する必要がある。

4　税額控除限度額
　税額控除限度額は，試験研究費の額に次の区分に応じ計算した税額控除割合を乗じて計算される。
　この制度は中小企業者等については法人住民税についても適用がある。

(1)　一般型（恒久措置）
　　イ　増減試験研究費割合が12％超の場合の税額控除割合
　　　　　　11.5％＋（増減試験研究費割合－12％）×0.375（最大14％）
　　ロ　増減試験研究費割合が12％以下の場合の税額控除割合
　　　　　　11.5％＋（12％－増減試験研究費割合）×0.25

ハ　比較試験研究費の額が0である場合　8.5％一律
　　　令和8年4月以降は割合が見直される。
　　　R8.4　　～8.5％＋増減試験研究費割合×8.5/30
　　　R11.4　 ～8.5％＋増減試験研究費割合×8.5/27.5
　　　R13.4　 ～8.5％＋増減試験研究費割合×8.5/25
(2)　中小企業技術基盤強化税制
　イ　増減試験研究費割合が12％超の場合の税額控除割合
　　　　12％＋（増減試験研究費割合－12％）×0.375（最大17％）
　ロ　増減試験研究費割合が12％以下の場合の税額控除割合
　　　　12％一律
　ハ　試験研究費割合が10％を超える場合については控除割増率が加算される。
　　　　試験研究費割合－10％×0.5（最大17％）
　その事業年度の調整前法人税額の25％に相当する金額を超える場合25％相当額が税額控除の上限額となり，増減試験研究費割合や試験研究費割合により上乗せ額が加算される。
(3)　オープンイノベーション型
　特別試験研究費の額（特別試験研究機関等，特定新事業開拓事業等，その他に係る試験研究費の支出先により）の30％，25％又は20％に相当する金額とその事業年度の法人税額の10％相当額を限度として法人税額から控除（(1)(2)とは別枠で控除）できる。

5　繰越税額控除限度超過額
　税額控除限度額が法人税額の一定割合額を超えるため、限度額の全部又は一部を控除しきれなかった場合には，1年間の繰越が認められる。

対　応

　研究開発税制の支援対象に製造業による「モノ作り」の研究開発やデータ・ＡＩを活用した人の移動をより快適にし，健康の増進をはかり，生産活動の最適化に向け，安心安全なサービスの提供を最大限生かす思い切った変革が一層期待できるのではないか。特にソフトウエア開発，自社の業務改善などの支援対象が明確化されたことで，企業にとってはこの制度の利用価値はさらに広がると思われる。　　　　　　　　　　（辻　富世）

参考条文・判決等
措法42の4，措令27の4，措規20

60 過年度遡及処理と税務の関係

CASE

過年度遡及会計基準とはどのようなものなのでしょうか。また、この会計基準に従って会計処理を行った場合の影響について教えてください。

検 討

　企業会計基準委員会より「会計上の変更及び誤謬の訂正に関する会計基準」(以下,「過年度遡及会計基準」という。)が公表され,平成23年4月1日以降開始する事業年度の期首以後に行われる過去の誤謬の訂正等から適用されることとなった。
　そこで,過年度遡及会計基準と税務の関係について検討することとする。

1　過年度遡及会計基準の概要
(1)　会計上の変更(会計方針の変更,表示方法の変更,会計上の見積りの変更)は,会計上の見積りの変更を除き,原則として遡及処理する。
(2)　過去の誤謬の訂正は,原則として遡及処理する。

2　確定決算主義への影響
　法人税の確定申告は確定した決算に基づいて行うこととされているところ,過年度遡及会計基準に基づく遡及処理は過去の確定した決算を修正するものではないため,遡及処理が行われた場合でも,その過年度において誤った課税所得の計算(例えば,売上の計上漏れがあった場合等)を行っていたのでなければ,過年度の法人税の課税所得の金額や税額に対して影響を及ぼすことはない。ただし,遡及処理を行う結果,利益剰余金の前期末残高と当期首残高が不一致となることから,税務上は当期の法人税申告書の別表四,五㈠において,一定の調整を行うことが必要となる。

3　会計方針の変更
　変更前の会計方針が法人税法の規定に従っている限りは,確定申告の内容は適正であったこととなり,その過去の課税所得や税額への影響はないため,修正申告や更正の請求の手続は必要ない。なお,法人税申告書の別表上,一定の調整を行うこととなる。

4　表示方法の変更

表示科目の組替えは、課税所得の計算に何ら影響を与えるものではないため、過年度における確定申告書に係る修正申告や更正の請求の手続は生じない。

5　会計上の見積の変更

会計上の見積りの変更は、遡及処理を行わず、その影響を当期以降の財務諸表において認識することとなる。過年度における確定申告書に係る修正申告や更正の請求の手続は生じない。

6　過去の誤謬の修正

(1) 税務上是正を要しない場合

減損損失の計上漏れのように、会計上は誤りであるものの、税務上は課税所得の是正を要しないものについては、遡及処理が行われたとしても、過年度における確定申告書に係る修正申告や更正の請求の手続は生じない。

(2) 税務上是正を要する場合

売上の計上漏れのように、会計上誤りであり、税務上も課税所得を是正すべきものについては、会計上遡及処理を行うとともに、税務上も修正申告を行うか、更正処分を受けることとなる（会計上は、原則として過去のすべての期間について遡及処理を行うこととなるが、税務上は、原則として過去5年間の修正に止まることに留意する。）。

なお、(1)及び(2)とも法人税申告書の別表上、一定の調整を行うこととなる。

対　応

過年度遡及会計基準に基づく遡及処理はこれまでの会計処理を大きく転換するものであるが、これは財務諸表の比較可能性を高めるための表示上の修正であって、過去の確定した決算そのものを修正するものではない。申告実務における対応はこれまでと変わらないと考えられるが、遡及処理の内容に応じた処理（別表調整のみ行う場合又は修正申告等が必要となる場合）を行うことに留意する必要がある。

（折原　昭寿）

参考条文・判決等
法法74①

61 地方拠点強化税制

CASE
当社は東京23区内に本社を構えている製造業ですが，北陸新幹線の開業に伴い，北陸地方に本社機能を移転しようと考えています。しかし，その移転計画には多額のコストを伴います。このような場合に税制面で何か優遇される制度はあるのでしょうか。

検 討

1 拡充型と移転型
(1) 拡 充 型
　拡充型は，既に地方に本社を構えている企業がその本社機能を拡充し，特定業務施設を整備する形態である。ここでいう地方とは東京圏・中部圏中心部・近畿圏中心部を除く地域をいう。
(2) 移 転 型
　移転型は，東京23区から地方に本社機能を移転し，特定業務施設を整備する形態である。ここでいう地方とは東京圏を除く全地域をいう。

2 オフィス減税
　平成27年8月10日から令和8年3月31日までの間に地方活力向上地域等特定業務施設整備計画（以下「整備計画」という。）について都道府県知事の認定を受けた青色申告法人（以下「適用法人」という。）が，その認定を受けた日から同日の翌日以後3年を経過する日までの期間内にその整備計画に記載された特定建物等（一の建物，その附属設備，構築物の取得価額の合計額が3,500万円以上《中小企業者は1,000万円以上》）の取得等をし，事業の用（貸付け用を除く。）に供した場合には，特別償却又は税額控除が適用できる。
(1) 特 別 償 却
　　① 拡充型基準取得価額×15％　　② 移転型基準取得価額×25％
(2) 税額控除（法人税額の20％を限度とする。）
　　① 拡充型基準取得価額× 4 ％　　② 移転型基準取得価額× 7 ％

3 雇用促進税制
　令和8年3月31日までに拡充型又は移転型について整備計画の認定を受

けた適用法人が，その認定を受けた日（特定業務施設の新設の場合には，当該施設を事業の用に供した日）から同日の翌日以後2年を経過する日までの期間内の日を含む事業年度（以下「適用年度」という。）において一定の要件を満たす場合に税額控除が適用できる。

(1) 拡充型又は移転型の認定を受けた法人

地方の事業所における雇用者増加数（有期雇用又はパートタイマーを除き，雇用保険一般被保険者で法人全体の雇用者増加数を上限とする。）に対して税額控除が適用できる。

① 適用要件
　ア　適用年度とその前事業年度中に事業主都合による離職者がいない。
　イ　風俗営業等を営む事業者でないこと。
　ウ　統一事業年度においてオフィス減税の適用を受けていないこと等。

② 税額控除限度額
　ア＋イ＝税額控除限度額（適用年度の法人税額の20％を限度）
　　ア　【拡充型30万円・移転型50万円】×新規雇用者数
　　イ　【拡充型20万円・移転型40万円】×一定の転勤者数

(2) 移転型の上乗せ措置

本社機能を東京23区から移転させ，一定の要件を満たした場合は(1)に加え，適用年度及びそれ以前の全ての適用年度の特定業務施設における雇用者増加数の合計数につき1人当たり40万円（準地方活力向上地域は30万円）が上乗せして税額控除できる。この上乗せ措置は最大3年間継続（特定業務施設の雇用者数又は法人全体の雇用者数が減少した年以降は不適用）でき，同一事業年度におけるオフィス減税との併用も可能となる。

対　応

地域拠点強化税制の対象となる事務所は，調査及び企画部門，情報処理部門，研究開発部門，国際事業部門，情報サービス事業部門，商業事業部門の一部，サービス事業部門の一部，その他管理業務部門のために使用されるもののみであり，また，対象となる施設は，事務所，研究所，研修所及びこれらを新設する際に併せて整備する育児支援施設に限定されている。

（塩島　好文）

参考条文・判決等
措法42の11の3，42の12，措令27の11の3，27の12，措規20の7

62 企業版ふるさと納税の拡充・延長

CASE

平成28年度税制改正で創設された地方創生応援税制(以下「企業版ふるさと納税」といいます。)は，平成28年度は7.5億円，平成29年度は23.6億円，平成30年度は34.8億円とその活用実績が増えていますが，活用している地方公共団体の数は428団体(24.5%)に留まっています。

「まち・ひと・しごと創生基本方針2019(令和元年6月21日閣議決定)」では，第2期「まち・ひと・しごと創生総合戦略(令和2年～6年度)」の策定に向けて，地方への資金の流れを飛躍的に高める観点から，手続の抜本的な簡素化・迅速化をはじめとして，更に寄附しやすい環境整備が行われたそうですが，その環境整備を受けて行われた令和2年度税制改正の内容とその効果について教えてください。

検 討

1 改正前制度の概要

企業版ふるさと納税とは，地方公共団体が行う地方創生を推進する上で効果が高い事業に対して法人が行った寄附について，寄附金の損金算入措置(約3割の負担軽減)に加えて，法人事業税，法人住民税及び法人税の税額が控除され，法人の支出寄附金の額の約6割の負担が軽減される制度とされている。

2 令和2年度税制改正

(1) 税額控除割合の引上げ

税額控除率を，法人道府県民税法人税割については5.7%(改正前：2.9%)，法人市町村民税法人税割については34.3%(改正前：17.1%)，法人事業税については20%(改正前：10%)にそれぞれ引き上げられた。

また，税額控除限度額を支出した寄附金の額の合計額の40%(改正前：20%)から，その特定寄附金の支出について道府県民税及び市町村民税(都民税を含む。)の額から控除される金額を控除した金額(その支出した特定寄附金の額の合計額の10%相当額が上限)とされている(図表：企業版ふるさと納税のイメージを参照)。

(2) 適用期間の延長

令和7年3月31日（改正前：令和2年3月31日）まで，適用期限が5年延長された。

(3) 適 用 関 係

前述した(1)及び(2)に掲げる改正は，令和2年4月1日以後に支出する特定寄附金について適用され，令和2年4月1日前に支出した特定寄附金については，なお従前の例による。

対　応

企業版ふるさと納税は，地方公共団体が地方創生のために効果的な事業を進めていく際に，事業の趣旨に賛同する企業が一回当たり10万円以上の寄附を行うことにより，官民を挙げてその事業を推進することができるようにするために創設された。

令和2年度税制改正によって，寄附を行った法人の支出寄附金の額の約9割の負担が軽減（例：100万円寄附すると法人税関係において最大約90万円の税が軽減）されるので，企業利益の有効活用を検討すべきであろう。

図表　企業版ふるさと納税のイメージ

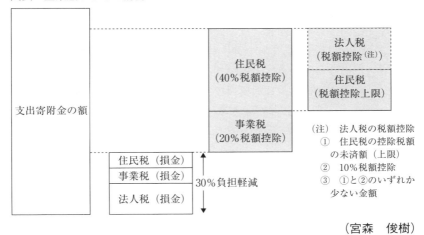

（宮森　俊樹）

参考条文・判決等

措法42の12の2①，令和2年度改正法附則83，令和2年度改正地法附則8の2の2

63 大企業向けの人材確保等促進税制の抜本的見直し

CASE

令和6年度税制改正では，物価高に負けない賃上げの牽引役として期待される「資本金10億円以上，かつ，常時使用する従業員の数1,000人以上」又は「常時使用する従業員の数2,000人超」のいずれかに当てはまる大企業については，より高い賃上げへのインセンティブを強化する観点から，継続雇用者の給与等支給額の増加に応じて賃上げ率の要件が拡充されました。

そこで，大企業向け賃上げ税制の改正前制度の概要と改正の内容について教えてください。

検　討

1　改正前制度の概要

青色申告書を提出する法人が，令和4年4月1日から令和6年3月31日までの間に開始する各事業年度（設立事業年度，解散（合併による解散を除く。）の日を含む事業年度及び清算中の各事業年度を除く。）において国内雇用者に対して給与等を支給する場合，継続雇用者給与等支給額から継続雇用者比較給与等支給額を控除した金額のその継続雇用者比較給与等支給額に対する割合（以下「継続雇用者給与等支給増加割合」という。）が3％以上であるときは，控除対象雇用者給与等支給増加額の15％（次に掲げる①賃上げ上乗要件，②人的投資上乗要件を満たす場合には，それぞれに掲げる特別税額控除割合を加算した割合）を乗じて計算した金額の特別税額控除ができる。

ただし，特別控除税額は，当期の法人税額の20％が上限とされる。

① 　賃上げ上乗要件

継続雇用者給与等支給増加割合が4％以上である場合には，特別税額控除割合に10％が加算される。

② 　人的投資上乗要件

教育訓練費の額の比較教育訓練費の額を控除した金額のその比較教育訓練費の額に対する割合（以下「教育訓練費増加割合」という。）が20％以上である場合には，特別税額控除割合に5％が加算される。

2　令和6年度税制改正

大企業向けの措置について，次の見直しを行ったうえ，その適用期限が令和9年3月31日（改正前：令和6年3月31日）まで3年延長される。なお，所得税及び法人割の課税標準である法人税についても同様とされる。
① 原則の特別税額控除率が10％（改正前：15％）に引き下げられる。
② 特別税額控除率の上乗せ措置が，次の場合の区分に応じてそれぞれ次のとおりとされる。
　イ　継続雇用者給与等支給増加割合が4％以上であるときは特別税額控除率に5％（増加割合が5％以上であるときは10％，7％以上であるときは15％）が加算される。
　ロ　教育訓練費増加割合が10％以上であり，かつ，教育訓練費の額の雇用者給与等支給額に対する割合が0.05％以上であるときには特別税額控除率が5％加算される。
　ハ　プラチナくるみん認定又はプラチナえるぼし認定を受けているときには特別税額控除率が5％加算される。
③ 本措置の適用を受けるために「給与等の支給額の引上げの方針，取引先との適切な関係の構築の方針その他の事項」を公表しなければならない者に，常時使用する従業員の数が2,000人を超えるものが追加される。

3　適用関係

前述した1の改正は，法人の令和6年4月1日以後に開始する事業年度の所得に対する法人税について適用され，同日前に開始した事業年度の所得に対する法人税については，なお従前の例による。

対　応

前述した「常時使用する従業員の数」とは，常用であると日々雇い入れるものであるとを問わず，事務所又は事業所に常時就労している職員，工員等（役員を除く。）の総数によって判定することに留意が必要である。この場合において，法人が繁忙期に数か月程度の期間その労務に従事する者を使用するときは，その従事する者の数も含めるものとされる。　　　（宮森　俊樹）

参考条文・判決等
措法10の5の4，42の12の5①，措令5の6の4，27の12の5①②⑪，令和6年改正法附則26①，38，令和6年改正地法附則9⑬，措通42の12の5-1

64 賃上げ促進税制の概要

CASE

ウィズコロナ・ポストコロナを見据えた企業の経営改革の実現に向け，人材育成への投資を積極的に行う企業に対し，税制面での優遇措置，いわゆる賃上げ促進税制があると聞きました。
この賃上げ促進税制がどのような制度か教えください。

検 討

1 制度の内容

賃上げ促進税制は，雇用者給与等支給額の前年度からの増加額の一定割合を法人税額等から控除する税制で，全企業向け，中堅企業向け，中小企業向けの3種類がある。

(1) 全企業向け賃上げ促進税制

青色申告書を提出する全法人又は個人事業主が対象である。

なお，適用事業年度終了の時において，「資本金の額又は出資金の額が10億円以上かつ常時使用する従業員数が1,000人以上」若しくは「常時使用する従業員数が2,000人超」のいずれかに当てはまる法人又は適用年の12月31日において常時使用する従業員数が2,000人超の個人事業主は，マルチステークホルダー方針の公表及びその旨の届出が必要となる。

この場合の適用可否は，継続雇用者給与等支給額が前事業年度より一定率増加しているかどうかにより判定する。

(2) 中堅企業向け賃上げ促進税制

青色申告書を提出する従業員数2,000人以下の法人又は個人事業主が対象である。

ただし，その法人及びその法人との間にその法人による支配関係がある他の法人の従業員数の合計数が1万人を超えるものを除く。

なお，適用事業年度終了の時において資本金の額又は出資金の額が10億円以上かつ常時使用する従業員数が1,000人以上の法人は，マルチステークホルダー方針の公表及びその旨の届出が必要となる。この場合の適用可否は，継続雇用者給与等支給額が前事業年度より一定率増加しているかどうかにより判定する。

(3) 中小企業向け賃上げ促進税制

　青色申告書を提出する中小企業者等又は従業員数1,000人以下の個人事業主が対象である。

　この場合の適用可否は，雇用者給与等支給額が前事業年度より一定率増加しているかどうかにより判定する。

2　用語の意義

(1) 雇用者給与等支給額

　適用事業年度の所得の金額の計算上損金の額に算入される全ての国内雇用者に対する給与等の支給額をいう。ただし，他の者から支払を受ける一定の金額は除かれる。

(2) 継続雇用者給与等支給額

　適用事業年度における，継続雇用者（前事業年度及び適用事業年度の全月分の給与等の支給を受けた国内雇用者）に対する給与等の支給額の合計額をいう。

3　留意点

　全企業向け及び中堅企業向けの賃上げ促進税制の適用判定における対象者は「継続雇用者」であるが，中小企業向けの賃上げ促進税制の適用判定は「雇用者」つまり所得の計算上損金又は必要経費に算入される国内雇用者に対する給与等の支給であることに注意が必要である。

対　応

　賃上げ促進税制は，前事業年度より一定率増加している場合に適用となるが，上乗せ措置として教育訓練費が前年度よりアップしていたり，プラチナくるみん等の子育て支援制度の認定を受けていたりする場合はさらに税額控除率がアップするため有効に活用したい制度である。

（樋之口　毅）

参考条文・判決等
措法42の12の5

65 中堅企業の賃上げ税制の創設

CASE

地域における賃上げと経済の好循環の担い手として期待される常時使用従業員数2,000人以下の企業については，新たに「中堅企業」と位置付けたうえで，従来の大企業向けの賃上げ率の要件を維持しつつ，特別税額控除率が見直され，より高い賃上げを行いやすい環境を整備する観点から，新しい賃上げ税制が創設されました。

そこで，創設された中堅企業の賃上げ税制の概要と実務上の留意点について教えてください。

検 討

1　制度の概要

青色申告書を提出する法人が，令和6年4月1日から令和9年3月31日までの間に開始する各事業年度において国内雇用者に対して給与等を支給する場合で，かつ，その事業年度終了の時において特定法人（常時使用する従業員の数が2,000人以下であるもの（その法人及びその法人との間にその法人による支配関係がある法人の常時使用する従業員の数の合計数が1万人を超えるものを除く。））に該当する場合において，継続雇用者給与等支給増加割合が3％以上であるときは，控除対象雇用者給与等支給増加額の10％（次に掲げる①賃上げ上乗せ要件，②人的投資上乗せ要件，③子育てとの両立支援又は女性活躍支援要件を満たす場合には，それぞれに掲げる特別税額控除割合を加算した割合）を乗じて計算した金額の特別税額控除ができる。

ただし，特別控除税額は，当期の法人税額の20％が上限とされる。なお，所得税及び法人割の課税標準である法人税についても同様とされる。

① 賃上げ上乗せ要件

継続雇用者給与等支給増加割合が4％以上であるときは，特別税額控除割合に15％が加算される。

② 人的投資上乗せ要件

教育訓練費増加割合が10％以上であり，かつ，教育訓練費の額の雇用者給与等支給額に対する割合が0.05％以上であるときは，特別税額控除割合

に5%が加算される。

③　子育てとの両立支援又は女性活躍支援要件

当期がプラチナくるみん認定若しくはプラチナえるぼし認定を受けている事業年度又はえるぼし認定（3段階目）を受けた事業年度であるときは，特別税額控除割合に5%が加算される。

2　中堅企業のマルチステークホルダーへの配慮

資本金の額等が10億円以上であり，かつ，常時使用する従業員の数が1,000人以上である場合には，「従業員への還元（給与等の支給額の引上げの方針・教育訓練費等の実施の方針）」や「取引先への配慮（取引先との適切な関係の構築の方針）」その他の事項を，各企業が自社の様々なステークホルダーに対し，どのような取り組みを行うかを自社のHPで公表し，その内容などを経済産業大臣に届け出ている場合に限り適用される。

3　適用関係

上記1及び2の改正は，法人の令和6年4月1日以後に開始する事業年度の所得に対する法人税について適用され，同日前に開始した事業年度の所得に対する法人税については，なお従前の例による。

また，個人については令和7年分以後の所得税について適用され，令和6年分以前の所得税については，なお従前の例による。

対　応

中小企業の賃上げには，中小企業自身の取組みに加え，大企業等の取引先への労務費も含めた適切な価格転嫁も重要な要素とされる観点から，「従業員への還元」や「取引先への配慮」が必要なマルチステークホルダー方針の公表が要件となる企業の範囲が中堅企業枠の創設に伴い拡大された。

また，賃上げ税制の適用を受けるために公表すべき「給与等の支給額の引上げの方針，取引先との適切な関係の構築の方針その他の事項」における取引先に消費税の免税事業者が含まれることが明確化されたので留意が必要である。

（宮森　俊樹）

参考条文・判決等

措法10の5の4②⑤九，42の12の5②・⑤十，令和6年改正法附則26①，38，令和6年改正地法附則9⑬

66 中小企業者等における賃上げの促進に係る税制の見直し

CASE

令和6年度税制改正では，所得拡大促進税制をより使いやすいものとしていくため，従来の賃上げ要件及び特別税額控除率を維持しつつ，雇用の環境を改善するため，人材投資や働きやすい職場づくりへのインセンティブも付与されたそうですが，その改正後制度の概要と実務上の留意点について教えてください。

検 討

1 令和4年度税制改正

青色申告書を提出する中小企業者（中小企業者のうち適用除外事業者に該当するものを除く。）等が，平成30年4月1日から令和9年3月31日までの間に開始する各事業年度（「人材確保等促進税制（措法42の12の5①②）」の規定の適用を受ける事業年度，設立事業年度，解散（合併による解散を除く。）の日を含む事業年度及び清算中の各事業年度は対象外とされる。）において国内雇用者に対して給与等を支給する場合において，その事業年度において中小企業者等の雇用者給与等支給額から比較雇用者給与等支給額を控除した金額のその比較雇用者給与等支給額に対する割合（以下「雇用者給与等支給増加割合」という。）が1.5％以上であるときは，その中小企業者等の控除対象雇用者給与等支給増加額の15％（次に掲げるイ賃上げ上乗要件，ロ人的投資上乗要件，ハ子育てとの両立支援又は女性活躍支援を満たす場合には，それぞれに掲げる特別税額控除割合を加算した割合）を乗じて計算した金額の特別税額控除ができる。

ただし，特別控除税額は，当期の法人税額の20％相当額が上限とされる。

イ 賃上げ上乗要件

雇用者給与等支給増加割合が2.5％以上である場合には，特別税額控除割合に15％が加算される。

ロ 人的投資上乗せ要件

教育訓練費増加割合が5％以上であり，かつ，教育訓練費の額の雇

用者給与等支給額に対する割合が0.05％以上であるときには，特別税額控除割合に10％が加算される。
　ハ　子育てとの両立支援又は女性活躍支援要件
　　当期がプラチナくるみん認定若しくはプラチナえるぼし認定を受けている事業年度又はくるみん認定若しくはえるぼし認定（2段階目以上）を受けた事業年度であるときには，特別税額控除割合に5％が加算される。

2　繰越税額控除制度

　これまで賃上げ税制を活用できなかった赤字企業にも賃上げチャレンジを後押しするため，当期の税額から控除できなかった分を5年間という前例のない期間にわたって繰り越すことが可能とされる。
　また，持続的な賃上げを実現する観点から，繰越控除する年度については，全雇用者の給与等支給額が対前年度から増加していることが要件とされる。

対　応

　令和6年度税制改正では，子育てと仕事の両立支援や女性活躍の推進の取組みを後押しする観点から，こうした取組みに積極的な企業に対する厚生労働省による認定制度（「くるみん」・「えるぼし」）を活用し，特別税額控除率の上乗せ措置が創設された。これにより，大企業向けの措置及び中堅企業向けの賃上げ促進税制の最大控除率は，35％（改正前：30％）に引き上げられた。また，中小企業向けの所得拡大促進税制の最大控除率は，45％（改正前：40％）に引き上げられた。その結果，賃上げ促進税制又は所得拡大促進税制の位置付けは，賃金だけでない「働き方」全般にプラスの効果を及ぼすような税制措置とされた。
　なお，「くるみん」とは，仕事と子育ての両立サポートや多様な労働条件・環境整備等に積極的に取り組む企業に対する認定とされている。また，「えるぼし」とは，女性の活躍推進に関する状況や取組み等が優良な企業に対する認定とされている。

（宮森　俊樹）

参考条文・判決等
措法10の5の4③④⑤九・十一，42の12の5③，措令5の6の4，27の12の5⑪，令和6年改正法附則26①，38，令和6年改正地法附則8⑧〜⑩

67 繰越税額控除制度の創設

CASE

中小企業においては，未だその6割が欠損法人となっており，税制措置のインセンティブが必ずしも効かない構造となっています。しかし，わが国の雇用の7割は中小企業が担っており，広く国民の構造的・持続的な賃上げを果たしていくためには，こうした企業に賃上げの裾野を拡大していくことは極めて重要な課題とされています。

令和6年度税制改正では，所得拡大促進税制をより使いやすいものとしていくため，従来の賃上げ要件及び特別税額控除率を維持しつつ，赤字法人においても賃上げを促進するために新たに繰越税額控除制度が創設されました。

そこで，創設された繰越税額控除制度の概要とその実務上の留意点について教えてください。

検 討

1 繰越税額控除制度

青色申告書を提出する法人の各事業年度（解散（合併による解散を除く。）の日を含む事業年度及び清算中の各事業年度を除く。）において雇用者給与等支給額が比較雇用者給与等支給額を超える場合において，その法人が繰越税額控除限度超過額を有するときは，その事業年度の所得に対する調整前法人税額から，その繰越税額控除限度超過額に相当する金額が控除される。

この場合において，その法人の事業年度における繰越税額控除限度超過額がその事業年度の所得に対する調整前法人税額の20％相当額（その事業年度において，大企業向け賃上げ税制，中堅企業向け賃上げ税制及び中小企業向け所得拡大促進税制の規定により，その事業年度の所得に対する調整前法人税額から控除される金額がある場合には，その金額を控除した残額）を超えるときは，その控除を受ける金額は，20％相当額が限度とされる。

なお，所得税及び法人割の課税標準である法人税も同様とされる。

2 繰越税額控除限度超過額の定義

上記1に掲げる「繰越税額控除限度超過額」とは，法人の適用年度開始

の日前5年以内に開始した各事業年度（その適用年度まで連続して青色申告書の提出をしている場合の各事業年度に限る。）における中小企業者等税額控除限度額のうち，控除をしてもなお控除しきれない金額（既にその各事業年度において調整前法人税額から控除された金額がある場合には，その金額を控除した残額）の合計額とされる。

3　適用除外

繰越税額控除制度の規定の適用を受けようとする法人のその適用を受けようとする事業年度に係る比較雇用者給与等支給額が零である場合には，雇用者給与等支給額がその比較雇用者給与等支給額を超える場合に該当しないものとされる。

4　適用関係

上記1～3の改正は，令和6年4月1日以後に開始する事業年度において生ずる控除しきれない金額について適用される。

また，個人の繰越税額控除については，令和7年分以後において生ずる控除しきれない金額について適用される。

対　応

繰越税額控除制度の適用にあたっては，その適用を受ける事業年度終了の時において中小企業者に該当している必要はないが，繰越税額控除限度超過額の生じた事業年度終了の時においては中小企業者に該当していなければならないので留意が必要である。

また，繰越税額控除限度超過額を有している法人が，その法人を被合併法人等（被合併法人，分割法人，現物出資法人又は現物分配法人）とする合併等（合併，分割，現物出資又は現物分配）を行った場合には，合併等が適格合併等（適格合併，適格分割，適格現物出資又は適格現物分配）に該当するときであっても，繰越税額控除限度超過額を合併法人等（合併法人，分割承継法人，被現物出資法人又は被現物分配法人）に引き継ぐことは認められないので留意が必要である。

（宮森　俊樹）

参考条文・判決等

措法10の5の4④⑤十一，42の12の5④⑤十二，措令10の5の4二十四，27の12の5⑫，令和6年改正法附則26②，44，令和6年改正地法附則8⑩～⑫，措通42の12の5－1の3，42の12の5－1の5

68 中小企業投資促進税制の見直し

CASE

地域経済の中核を担う中小企業の経営状況は，業種により違いも見られますが，エネルギー等を中心としたコストプッシュ型の物価上昇等により，収益環境の悪化が懸念されています。

令和5年度税制改正では，物価高・新型コロナ禍等の中，中小企業の設備投資を促進し，経営を支援する観点から，中小企業投資促進税制の対象資産の見直し等が行われたそうですが，その内容について教えてください。

検 討

1 中小企業投資促進税制の概要

青色申告書を提出する中小企業者（適用除外事業者に該当するものを除く。）等が，平成10年6月1日から令和7年3月31日までの間において，特定機械装置等の取得等をして国内にあるその法人の事業の用に供した場合（貸付けの用に供した場合を除く。以下同じ。）には，特別償却（特別償却限度額：基準取得価額×30％）が適用できる。

また，資本金の額等が3,000万円以下の特定中小企業者等については，その特別償却に代わって特別税額控除（税額控除限度額：基準取得価額×7％）を選択適用することができる。

ただし，特別税額控除額の上限については，本制度及び「中小企業経営強化税制（措法42の12の4②）」の特別税額控除における控除税額の合計で，当期の法人税額の20％相当額を限度とし，控除できなかった金額については1年間の繰越しができる。

2 適用対象資産の範囲

① 機械及び装置（取得価額要件：1台又は1基の取得価額が160万円以上のもの）
② 測定工具及び検査工具（電気又は電子を利用するものを含む。）（取得価額要件：それぞれ1台又は1基の取得価額が120万円以上のもの(注)）
　(注) それぞれ1台又は1基の取得価額が30万円以上で，かつ，一事業年度におけるその取得価額の合計額が120万円以上のものを含む。

③　車両及び運搬具（貨物運搬用の普通自動車のうち車両総重量3.5t以上のもの）
④　船舶（内航海運業の用に供されるもの）
⑤　ソフトウェア（電子計算機に対する指令であって，一の結果を得ることができるように組み合わされたもの）（取得価額要件：一の取得価額が70万円以上のもの）

3　令和5年度税制改正

① 対象資産の縮小

　対象資産から，コインランドリー業（主要な事業であるものを除く。）の用に供する機械装置でその管理のおおむね全部を他の者に委託するものが除外された。

　また，対象資産について，総トン数50t以上の船舶にあっては，環境への負荷の低減に資する設備の設置状況等を国土交通大臣に届け出た船舶に限定された。

② 適用期限の延長

　適用期限が令和7年3月31日（改正前：令和5年3月31日）まで2年延長された。

③ 適用関係

　上記①の改正は，令和5年4月1日以後に取得又は製作をする機械装置等について適用され，同日前に取得等をされた機械装置等については，なお従前の例による。

対　応

　適用対象とされるソフトウェアの具体的範囲には，①サーバー用オペレーティングシステムのうち一定のもの，②サーバー用仮想化ソフトウェアのうち一定のもの，③データベース管理ソフトウェアのうち一定のもの，④連携ソフトウェアのうち一定のもの，⑤不正アクセス防御ソフトウェアのうち一定のものとされているので，実務上活用のものを検討すべきであろう。

（宮森　俊樹）

参考条文・判決等

措法42の6①〜④，措令27の6⑦，措規20の3⑤二・十一・十二，令和3年改正法附則45，47

69 中小企業経営強化税制の対象資産の拡充等

CASE

令和6年度税制改正では,中小企業経営強化税制における遠隔操作,可視化又は自動制御化に関する投資計画に記載された投資の目的を達成するために必要不可欠な設備(デジタル化設備)の対象資産が見直されたそうですが,その内容について教えてください。

検 討

1 適用要件

青色申告書を提出する中小企業者(適用除外事業者に該当するものを除く。)等で中小企業等経営強化法の経営力向上計画の認定を受けた特定事業者等が,平成29年4月1日から令和7年3月31日までの間に,生産等設備を構成する機械装置,工具・器具備品,建物附属設備及びソフトウエアで,経営力向上設備等(経営力の向上に著しく資するものとして中小企業等経営強化法に規定される「生産性向上設備(A類型)」,「収益力強化設備(B類型)」,「デジタル化設備(C類型)」及び「経営資源集約化設備(D類型)」とする。)に該当するもののうち,一定の規模以上のものの取得等をして,その中小企業者等の営む指定事業の用に供した場合には,その取得価額から普通償却限度額を控除した金額までの特別償却(即時償却)とその取得価額の7%(資本金の額等が3,000万円以下の特定中小企業者等にあっては,10%)の税額控除との選択適用ができる。

ただし,税額控除における控除税額は,本制度及び「中小企業投資促進税制(措法42の6②)」の特別税額控除措置と合計して当期の法人税額の20%を上限とし,控除限度超過額は1年間の繰越しができる。

2 取得価額要件

前述した1に掲げる「一定の規模以上のもの」とは,機械装置(1台又は1基の取得価額が160万円以上のもの),工具・器具備品(1台又は1基の取得価額が30万円以上のもの),建物附属設備(一の取得価額が60万円以上のもの)及びソフトウエア(一の取得価額が70万円以上のもの)の設備の区分ごとに取得価額要件が設けられている。

3 令和6年度税制改正

① 対象資産の縮小
　イ　農業の生産性の向上のためのスマート農業技術の活用の促進に関する法律の生産方式革新実施計画の認定を受けた農業者等（その農業者等が団体である場合におけるその構成員等を含む。以下同じ。）が取得等をする農業の用に供される設備
　ロ　生産方式革新実施計画の認定を受けた農業者等に係るスマート農業技術活用サービス事業者が取得等をする農業者等の委託を受けて農作業を行う事業の用に供される設備
② 適用関係
　上記①の改正は，令和6年4月1日以後に取得又は製作をする経営力向上設備等について適用され，同日前に取得等された経営力向上設備等については，なお従前の例による。
　なお，①の改正に伴い，特別償却制度を法人住民税及び法人事業税に，税額控除制度を法人住民税に適用することとされる。

対　応

　経営力向上設備等を取得し，その設備について本制度を受けるためには，原則として①工業会証明書（A類型）又は経済産業局による確認書（B類型・C類型・D類型）を申請・取得後，②中小企業等経営強化法の経営力向上計画の認定を受け，③対象設備を取得するという手続が必要とされる。
　ただし，経営力向上計画の申請に先立って計画を開始し，経営力向上設備等を取得した後に経営力向上計画を提出する場合には，例外として①工業会証明書（A類型）又は経済産業局の確認書（B類型・C類型・D類型）を申請後，②対象設備を取得，③設備投資後60日以内に経営力向上計画が申請・受理される必要がある。この場合において，本制度の適用を受けるためには，制度の適用を事業年度単位で見ることから，遅くともその設備を取得し事業の用に供した事業年度内に経営力向上計画の認定を受ける必要がある。

（宮森　俊樹）

参考条文・判決等
措法42の12の4①②，措令27の12の4②，措規20の9①，強化規8②一・二，令和6年改正法附則27，40

70 株式対価M&Aを促進するための措置の創設

CASE

企業間の国際競争が激化する中，産業構造の変革を更に推進するため，企業価値向上のための事業再編が重要な課題となっています。
会社法では，企業の機動的な事業再構築を促し，競争力の維持・強化を図る観点から，完全子会社とすることを予定していない場合であっても，株式会社が他の株式会社を子会社とするため，自社の株式を他の株式会社の株主に交付することができる株式交付制度が令和3年3月1日から施行されました。
これを受けて令和3年度税制改正では，自社株式を対価として，対象会社株主から対象会社株式を取得するM&Aについて，対象会社株主の譲渡損益に対する課税の繰延措置が恒久措置として創設されたそうですが，その制度の概要と実務上の留意点について教えてください。

検 討

1 制度の概要

法人が，会社法の株式交付により，その有する株式（以下「所有株式」という。）を発行した他の法人を株式交付子会社とする株式交付によりその所有株式を譲渡し，その株式交付に係る株式交付親会社の株式の交付を受けた場合（その株式交付により交付を受けた株式交付親会社の株式の価額が交付を受けた金銭の額及び金銭以外の資産の価額の合計額のうちに占める割合が80％に満たない場合を除く。）には，その譲渡した所有株式（交付を受けた株式交付親会社の株式に対応する部分に限る。）の譲渡損益の計上を繰り延べることとされた。

ただし，外国法人における本措置の適用については，その外国法人の恒久的施設において管理する株式に対応して株式交付親会社の株式の交付を受けた部分に限られる。

なお，所得税についても同様とされた。

2 手続規定

上記1の適用を受ける場合には，株式交付親会社の確定申告書に株式交付計画及び株式交付に係る明細書を添付するとともに，その明細書に株式

交付により交付した資産の数又は価額の算定の根拠を明らかにする事項を記載した書類を添付することとされた。

また，株式交換及び株式移転についても同様とされた。

3　適用関係

上記1の改正は，法人の令和3年4月1日以後に行われた株式交付から適用される。

また，個人の令和3年4月1日以後に行われた株式交付から適用される。

対　応

株式交付制度は，議決権の50％超保有による子会社化を求めるもので，議決権の100％保有（いわゆるの完全子会社化）を求める株式交換等と異なる。株式交付制度を活用する場合には，①株式交付子会社の商号・住所，②譲り受ける株式交付子会社の株式の数の下限，③株式交付子会社の株式の譲渡人に対してその株式の対価として交付する株式の数又はその数の算定方法並びに増加する資本金等の額，④株式交付子会社の株式の譲渡人に対する株式の割当てに関する事項，⑤効力発生日等が記載された株式交付計画の作成等が必要となる。

また，自社株式にあわせて金銭等を交付するいわゆる混合対価については，金銭等が20％以下の範囲内で認められる。

図表：自社株式等を対価とするM＆Aの円滑化

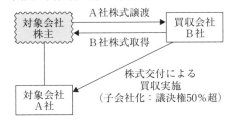

【改正前】
　A社株式を譲渡した時点で課税
【改正後】
　B社株式を譲渡した時までA社株式の株式譲渡益課税の繰り延べ

（宮森　俊樹）

参考条文・判決等
会社法2三十二の二，774の2，措法37の13の3①②，66の2の2①②，措令25の12の3④，39の10の3④，措規22の9の3，法規27の3六・十・十五，35，37の12，37の17，61の5，令和3年改正法附則36⑤，53，令和3年改正措規附則

71 テレワークと法人事業税

CASE

当社は，働き方改革の一つとして，在宅勤務・モバイルワーク・サテライトオフィス勤務などのテレワークを活用していこうと考えています。法人事業税は，支店や営業所などの事業所がある都道府県で課される税ですが，テレワークの取扱いにおいて注意すべき点を教えてください。

検 討

1 法人事業税の納税義務

法人事業税は，法人が事業を行う際に受ける公共サービスに係る経費の応益負担として，法人の行う事業に対して，所得割額により，さらに外形標準課税対象法人については付加価値割額及び資本割額も含めて，事務所又は事業所（以下「事務所等」という。）所在の道府県において課される税である。事務所等とは，「自己の所有に属するものであるか否かにかかわらず，事業の必要から設けられた人的及び物的設備であって，そこで継続して事業が行われる場所をいうものであること」とされている。事業活動に従事する人がいて，事業が行われるのに必要な土地，建物，事務設備などがあり，一時的なものではないという実態を有している事務所等が所在する道府県について納税義務が生じることになる。

2 事務所等に該当するか

テレワークとは，ICTを活用した，時間や場所にとらわれない柔軟な働き方を意味し，在宅勤務・モバイルワーク・サテライトオフィス勤務などの様々な形態を含む概念である。各形態における勤務場所はというと，在宅勤務は従業員の自宅であり，モバイルワークは取引先のオフィスや移動中の交通機関やカフェなどである。サテライトオフィス勤務は，サテライトオフィス（本社から離れたところに設置されたオフィス）で，法人が自己で設置するもののほか，他社が提供するレンタルオフィスなどのこともある。法人が設置したサテライトオフィスで従業員が常駐するものは事務所等に該当するので，従業員の勤務場所が所在する道府県において法人事業税が課税される。一方，在宅勤務者の自宅でその者以外の従業員がいな

いものは事務所等に該当しないので、従業員の勤務場所が所在する道府県において法人事業税は課税されないことになるものと、従来は考えられていた。しかし、コロナ禍で緊急避難的に普及したテレワークが常態化しつつあり、今後は、在宅勤務者の自宅が事務所等と認定される可能性がある。現時点においては、課税を行う各自治体が総合的に勘案して判断するものとされており、総務省はその定義以上の具体的な判定基準は示していないが、各自治体に確認する必要があるだろう。

3　分割法人の申告納付

2以上の道府県において事務所等を設けて事業を行う法人は、課税標準の総額を分割基準で分割した額を課税標準として税額を計算し、道府県ごとに申告納付する。この分割基準は事業の区分により異なるが、例えば、非製造業（小売業・サービス業など）では、課税標準額の総額の2分の1を事務所等の数に、課税標準額の総額の2分の1を従業者の数に按分することとされている。テレワーク勤務者がどの事務所等に属するかは、できるだけ勤務状況に即して判断すべきであるが、勤務場所が固定していない従業員や自宅が事務所等に該当しない場合の在宅勤務者は、その者の給与支払事務所としている事務所等の従業者に含まれるものと考えられる。

4　法人住民税における事務所等

法人住民税における事務所等の定義も法人事業税と同じであるため、仮に在宅勤務者の自宅が事務所等と認定されることとなった場合、その所在地において法人住民税も課されることになる。法人税割は課税標準額を分割して税額を計算するが、均等割額は事務所等の所在する道府県・市町村が増えて、負担が増加する可能性がある。

対　応

企業の中には、テレワークを原則として、オフィスの大部分を廃止するところもあるという。そうなると、従業員の勤務場所が所在するが「事務所等」は所在しない道府県において、法人事業税が課されないことは適切とは言えず、今後法改正が行われることは十分考えられるため、注視していく必要があるだろう。

(廣瀬　尚子)

参考条文・判決等
地法72の2①、72の48①③、取扱通知（県）第一章6(1)、第三章9の1(1)

72 法人事業税の見直し

CASE

法人事業税の外形標準課税は、平成16年度に資本金1億円超の大法人を対象に導入され、平成27・28年度税制改正において、より広く負担を分かち合い、企業の稼ぐ力を高める法人税改革の一環として、所得割の税率引下げとあわせて、段階的に拡大されてきました。

外形標準課税の対象法人数は、①資本金1億円以下への財務会計上、単に資本金を資本剰余金への項目間での振り替える「減資への対応」及び②持株会社化・分社化による組織再編等による「100％子法人等への対応」を中心とした要因により、導入時に比べて数では約1万社、割合では約3分の2まで減少しています。これら要因による対象法人数の減少は、法人税改革の趣旨及び地方税収の安定化・税負担の公平性といった制度導入の趣旨を損なう恐れがあり、問題視されていました。

令和6年度税制改正では、これら要因を企画した大企業への対応が行われたそうですが、その対応についての概要と実務上の留意点について教えてください。

検 討

1 減資への対応

その事業年度の前事業年度に外形標準課税の対象であった法人が、減資によりその事業年度に資本金1億円以下になった場合でも、資本金と資本剰余金（これに類するものを含む。以下単に「資本剰余金」という。）の合計額（以下「資本金と資本剰余金の合計額」という。）が10億円を超えるときには、原則として外形標準課税の対象とされる。

また、令和7年4月1日（施行日）以後最初に開始する事業年度については、前述した改正内容にかかわらず、令和6年3月30日（公布日）を含む事業年度の前事業年度（公布日の前日に資本金が1億円以下となっていた場合には、公布日以後最初に終了する事業年度）に外形標準課税の対象であった法人であって、その施行日以後最初に開始する事業年度に資本金1億円以下で、資本金と資本剰余金の合計額が10億円を超えるものは、外

形標準課税の対象とされる。

2 100%子法人等への対応

資本金と資本剰余金の合計額が50億円を超える法人(その法人が非課税又は所得割のみで課税される法人等である場合を除く。)又は相互会社・外国相互会社(以下「特定法人」という。)の100%子法人等のうち，その事業年度末日の資本金が１億円以下で，資本金と資本剰余金の合計額(公布日以後に，その100%子法人等がその100%親法人等に対して資本剰余金から配当を行った場合においては，その配当に相当する額を加算した金額)が２億円を超えるものは，外形標準課税の対象とされる。

また，この改正により，新たに外形標準課税の対象となる法人については，外形標準課税の対象となったことにより，従来の課税方式で計算した税額を超えることとなる額のうち，次に定める額を，その事業年度に係る法人事業税額から控除することができる。

① 令和８年４月１日から令和９年３月31日までの間に開始する事業年度…その超える額に３分の２の割合を乗じた額
② 令和９年４月１日から令和10年３月31日までの間に開始する事業年度…その超える額に３分の１の割合を乗じた額

3 適用関係

上記１の改正は，令和７年４月１日に施行され，同日以後に開始する事業年度から適用される。

上記２の改正は，令和８年４月１日に施行され，同日以後に開始する事業年度から適用される。

対 応

上記１及び２に掲げる外形標準課税の見直しに伴い，特別償却制度が法人住民税及び法人事業税に適用されることとなる。また，特別税額控除制度が中小企業者等に係る法人住民税に適用されることとなるなど対応が行われたので，留意が必要である。

(宮森　俊樹)

参考条文・判決等
地法72の２①ロ(1)(2)，令和６年改正地法附則８の３の３，８の３の４

73 外形標準課税の適用対象法人の拡大

CASE

当社は経営効率改善のために資本金を3億円から5,000万円への減資を検討していますが、外形標準課税の改正内容に注意する必要があるかと思います。外形標準課税の改正内容に基づいて、減資にあたり留意すべき事項を具体的に教えてください。

検 討

　外形標準課税とは、法人の付加価値割合や資本金額などの外形的な指標を課税ベースとする法人課税方式であり、従来の所得に対する法人税とは別に、企業の人件費総額や資本金等の外形指標に一定の税率を課す制度である。
　景気変動による法人税収の変動を抑え、安定的な税収確保を主な目的とし、平成15年度税制改正で導入され、令和6年度税制改正で外形標準課税対象法人の拡大が図られた。

1　対象法人の拡大に至った経緯

　従来の外形標準課税は、資本金1億円超の法人のみが対象であった。しかし実態として大企業でも形式上は資本金が1億円以下の場合は非課税となるケースがあり、課税の公平性が損なわれていた。また、対象法人が限られていたため、より広範な法人への課税を求める意見もあり、こうした背景を受け改正が行われた。

2　対象法人の改正内容

(1)　減資への対応

　令和7年4月1日以後に開始する事業年度より、資本金1億円超の現行基準に加え、以下の追加基準が設けられた。

① 　追加基準1

　前事業年度が外形標準課税の対象の場合、令和7年4月1日以後開始する事業年度に資本金が1億円以下であっても、資本金及び資本剰余金の合計額が10億円超となる時は外形標準課税が適用される。

② 　追加基準2

　下記事業年度が外形標準課税の対象の場合、令和7年4月1日以後最初

に開始する事業年度に資本金1億円以下であっても，資本金及び資本剰余金の合計額が10億円超となる時は外形標準課税が適用される。
　イ　公布日（令和6年3月30日）以後に資本金が1億円以下となった場合……公布日を含む事業年度の前事業年度
　ロ　公布日前日に資本金が1億円以下の場合……公布日以後最初に終了する事業年度

(2) 100％子会社等への対応

令和8年4月1日以後に開始する事業年度より，一定規模以上の法人の100％子会社等が外形標準課税の対象とされた。

具体的には，特定法人（資本金と資本剰余金の合計が50億円を超える法人や相互会社等）の100％子会社等について，事業年度末の資本金が1億円以下であっても，資本金と資本剰余金の合計が2億円を超える場合，外形標準課税の対象となる。

この2億円超の判定について，公布日以後に100％子会社等から親法人等に対して資本剰余金から配当が行われた場合には，当該配当額は資本金と資本剰余金の合計額に加算をして判定をする必要がある。

なお，本改正は，産業競争力強化法の改正を前提にM＆Aで100％子会社となった法人に対しては，買収から5年を経過する事業年度までは外形標準課税法人の対象外とする特例措置や，令和8年4月1日から令和10年3月31までの開始事業年度において，従来の課税方式で計算した税額を超える額に対して減額措置が設けられている。

① 令和8年4月1日から令和9年3月31日の開始事業年度は超過税額の3分の2を減額
② 令和9年4月1日から令和10年3月31日の開始事業年度は超過税額の3分の1を減額

対　応

今回の外形標準課税対象法人の拡大により，減資後も適切な課税処理が確保され，公正な競争環境の維持や投資の促進が期待される。ただし，制度の複雑性と適用基準の変動が企業に混乱をもたらす恐れがあり注意が必要である。

（山下　晃央）

参考文献・判決等
地法72の2，地法附則8の3の3，8の3の4，改正地法附則8

74 5G投資促進税制の見直し

CASE

令和4年度税制改正では,「デジタル田園都市国家構想（令和3年11月10日岸田総理決裁）」の早期実現に向けて，主務大臣の認定に基づく5G設備の投資に係る特別償却又は税額控除（いわゆる5G投資促進税制）制度の見直しが行われたそうですが，その改正前制度の概要と見直しの内容について教えてください。

検　討

1　改正前制度の概要

青色申告書を提出する法人で一定のシステム導入を行う特定高度情報通信技術活用システムの開発供給及び導入の促進に関する法律に規定する認定事業者であるものが，令和2年8月31日から令和4年3月31日までの間に，その法人の認定導入計画に記載された機械その他の減価償却資産（認定導入計画に従って実施される特定高度情報通信技術活用システムの導入の用に供されるものであることその他の要件を満たす一定のものに限る。）の取得等をして，その法人の国内にある事業の用に供した場合には，その取得価額の30％相当額の特別償却とその取得価額の15％相当額の特別税額控除との選択適用ができる。

ただし，特別税額控除については，当期の法人税額の20％相当額が限度とされる。

2　令和4年度税制改正

(1)　特別税額控除率の見直し

今後3年間での集中的な整備を促進させるため，特別税額控除率が階段状に引き下げられた。

①　令和4年4月1日から令和5年3月31日までの間に事業の用に供した設備…15％（条件不利地域以外の地域内の設備…9％）

②　令和5年4月1日から令和6年3月31日までの間に事業の用に供した設備…9％（条件不利地域以外の地域内において事業の用に供した設備…5％）

③　令和6年4月1日から令和7年3月31日までの間に事業の用に供した

設備…3％
　(注)　「条件不利地域」とは，過疎地域，離島，豪雪地帯等地域とされる。
(2)　対象となる無線設備の要件の見直し
　3.6GHz超4.1GHz以下，4.5GHz超4.6GHz以下，27GHz超28.2GHz以下又は29.1GHz超29.5GHz以下の周波数の電波を使用する無線設備の要件が，次のとおりとされた。
① 多素子アンテナ（3.6GHz超4.1GHz以下又は4.5GHz超4.6GHz以下の周波数の電波を使用する無線設備）要件の見直し
② マルチベンダー要件の追加
③ スタンドアロン方式要件の追加
(3)　適用期間の延長
　適用期間が令和7年3月31日（改正前：令和4年3月31日）まで3年間延長された。
(4)　適 用 関 係
　上記(1)から(3)の改正は，法人の令和4年4月1日以後に事業の用に供する認定特定高度情報通信技術設備について適用される。

対　応

　5Gシステムは，Society5.0の実現に不可欠な社会基盤であり，安全・信頼性，供給安定性，オープン性（国際規格等）が保証されたものとされる。
　Society5.0では，膨大なビッグデータを人間の能力を超えた人工知能（AI）が解析し，その結果がロボットなどを通して人間にフィードバックされることで，これまでには出来なかった，①8K動画配信等の超高速・大容量の実現（データ量100倍：2時間映画を3秒でダウンロード），②遠隔医療（手術）・自動車運転の実現（10分の1の遅延：0.001秒でデータの伝達），③スマート工場・スマート建設の多数同時接続の実現（100倍の機器に同時接続：一スペースで100台以上接続），④人手不足の地方こそ5G（ローカル5G）に期待（農家が農業を高度化する自動農場管理，建設現場で導入する建機遠隔制御及び小売店で導入する商品管理・電子決済）等の実現が可能となった。

　　　　　　　　　　　　　　　　　　　　　　　　　　（宮森　俊樹）

参考条文・判決等
措法42の12の6，措規20の10の2，令和4年改正法附則27

75 欠損金の繰戻しによる法人税額の還付

CASE

青色申告法人である当社は，前年度まで黒字でしたが，当年度は赤字となり欠損金が生じました。欠損金の繰戻しによる法人税の還付を請求することを検討していますが，この欠損金の繰戻し還付制度について教えてください。

検 討

1 欠損金の繰戻しによる法人税額の還付制度の概要

(1) 概　　要

　青色欠損金の繰戻し還付制度は，青色申告書を提出する法人について，その確定申告書を提出する事業年度において生じた欠損金額がある場合に，その法人の請求により，その事業年度開始の日前1年以内に開始したいずれかの事業年度に繰戻して法人税の還付を受けることができる制度である。

(2) 対象となる欠損金

① 中小企業者等の欠損金：中小企業者等とは，青色申告書を提出する法人のうち資本金の額又は出資金の額が1億円以下である普通法人，公益法人等，協同組合等，人格のない社団等をいう。ただし，大法人（資本金の額が5億円以上の法人等）の100％子会社及び100％グループ内の複数の大規模法人に発行済株式の全部を保有される法人等は除かれる。

② 解散等の事実が生じた場合の欠損金，清算中の欠損金，災害損失欠損金

(3) 還付される金額

　還付金額の計算は，次のとおりである。

$$還付所得事業年度の法人税額 \times \frac{欠損事業年度の欠損金額}{還付所得事業年度の所得金額}$$

　還付金額は，還付事業年度の所得に係る法人税額が限度となる。そのため，繰戻し還付の対象とされない欠損金額が生じる場合には，翌期事業年度以降の繰越控除の対象とされる。

2 災害損失欠損金の繰戻し還付制度

災害損失欠損金の繰戻し還付制度では,災害のあった日から同日以後1年を経過する日までの間に終了する各事業年度又は災害のあった日から同日以後6月を経過する日までの間に終了する中間期間において生じた災害損失欠損金額を,その災害欠損事業年度開始の日前1年以内に開始した事業年度に繰り戻して法人税の還付を受けることができる。

青色申告書を提出する法人の場合は,前2年以内に開始した各事業年度（直前期,直前々期）まで遡って災害損失欠損金の繰戻し還付が可能である。また,災害損失欠損金の繰戻し還付は,白色申告法人や大規模法人も適用対象となる。

3 法人事業税,法人住民税の取扱い

繰戻しによる還付制度は,法人税及び地方法人税が対象であるため,同様の取扱いがない法人事業税,法人住民税については,翌事業年度以降の繰越控除の対象とされる。

法人事業税（所得割）の欠損金は,繰戻し還付の適用がないものとした欠損金であり,翌期以降の法人事業税の計算の基礎となる所得金額から控除される。この場合法人税の繰越欠損金と法人事業税の欠損金は異なることとなる。

法人住民税（法人税割）においては,還付を受けた法人税額は,控除対象還付法人税額として,その後10年間の法人住民税（法人税割）の課税標準となる法人税額から控除される。

対　応

法人税の欠損金については,繰戻しによる法人税額の還付請求を行うか,繰越控除を適用するかは法人の選択とされている。繰戻し還付は短期的な資金繰りを重視する場合や当面黒字化が見込めない場合には有効と考えられる。

繰戻し還付請求は,法令上,調査をしたところにより還付が行われるため,机上の調査や実地の調査の可能性を考慮することに留意が必要である。

（北川　裕之）

参考条文・判決等
法法80,措法66の12

76 公益法人等が営む土地の貸付事業に係る更新料の課税

CASE

　A公益法人等は,不動産貸付業による収入を財源として非営利活動を行っております。主な不動産の貸付収入としては,B法人に対する甲土地の貸付けによるものです。また,甲土地は,B法人の駐車場用地及び貸付用住宅の敷地の用に供されています。A公益法人等は,甲土地の不動産貸付業について,法人税の収益事業課税の対象となっておりますが,B法人に対する住宅の用に供される土地の貸付の対価の額が低廉であることから,その対価の額については収益事業から除外されています。これにより,A公益法人等は,甲土地の駐車場用地に係る部分の地代収入を収益事業として法人税の申告を行っています。当期において,A公益法人等は,B法人と締結していた甲土地の賃貸借契約に係る貸付期間が満了になることから,更新をすることで交渉を進めていたところ,両社共に更新することについて合意しており,B法人から更新料の金額の内諾を得ているところです。ところで,この更新料をA公益法人等が収受した場合には,全額法人税の課税対象となるのか,それとも甲土地の収益事業と収益事業以外の事業に係る部分の金額を面積比率又は地代収入の比率等で課税対象となる部分の金額を按分することになるのか,ご教示いただけないでしょうか。

検　討

1　不動産貸付業から除外されるもの

　不動産貸付業は,法人税の収益事業課税の対象となるのであるが,主として住宅の用に供される土地の貸付業で,その貸付けの対価の額が低廉であることその他一定の要件を満たすものについては収益事業から除外されている。この「主として住宅の用に供される土地」とは,その床面積の2分の1以上が居住の用(貸家住宅の用を含む。)に供される家屋の敷地として使用されている土地のうちその面積が当該家屋の床面積の10倍に相当する面積以下であるもの,また,「貸付業の貸付けの対価の額が低廉であること」とは,その事業年度の貸付期間に係る収入金額の合計額が,貸付けに係る土地に課される固定資産税額及び都市計画税額で貸付期間に係る

ものの合計額の3倍以下であることとされている。

2 不動産貸付業に係る更新料の課税区分について

公益法人等が固定資産である土地の貸付けをしたことにより収受する権利金その他の一時金のうち，①法人税法施行令第138条第1項《借地権の設定等により地価が著しく低下する場合の土地等の帳簿価額の一部の損金算入》に該当しないものの額及び②土地の貸付けに係る契約の更新により収受する更新料の額は，不動産の貸付けに係る収益の額とされる。この②の更新料は，上記1に掲げる対価の額が低廉である場合の収益事業から除外する対価の額に含めない旨定められていることから，甲土地に係る更新料は全額収益事業に係る不動産貸付業の対価に含めることとなる。

ところで，公益法人等が収益事業に属する固定資産を譲渡したことによる損益は，原則として収益事業にかかる損益となるのであるが，③相当期間（おおむね10年）にわたり固定資産として保有していた土地等（令第138条第1項の規定の適用がある借地権の設定を含む。）について，収益事業に係る損益に含めないことができる旨の優遇措置の定めがある。

そうすると，①に適合せず，③に該当すれば，更新料が，収益事業課税から除外される余地があると考えてしまうこともあろう。しかし，更新料を支払った場合の借地権等の帳簿価額の一部の損金算入は，同令第139条の規定であり，同令第138条のような土地の部分譲渡という性格を尊重していないため，甲土地に係る③の取扱いの適用はない。

対　応

甲土地の賃貸借契約期間満了に伴い収受する更新料は，貸付けの対価の額が低廉である場合等の収益事業からの除外措置の適用がないことから，全額不動産貸付業に係る対価として法人税の課税対象となるため留意する必要がある。

（苅米　裕）

参考条文・判決等
法法4①，6，法令5①五ヘ，法令138，139，法規4，法基通15-1-20，15-1-21，15-2-10，15-2-11

77 ストック・オプション権利行使期間の上限延長

CASE

特定の取締役等が受ける新株予約権の行使による株式の取得に係る経済的利益の非課税等（いわゆるストック・オプション税制）は，手元にキャッシュが乏しいスタートアップ企業にとって，人材を確保するための有効な手段となっています。

令和5年度税制改正では，スタートアップ企業の創業からIPO（株を投資家に売り出して証券取引所に上場し，誰でも株取引ができるようにすること）までの年数の平均が12年超で推移しており，その事業展開を後押しする観点から，ストック・オプション税制の見直しが行われました。そこで，見直されたストック・オプション税制の概要とその実務上の留意点について教えてください。

検　討

1　制度の概要

ストック・オプションとは，株式会社等が自社又は子会社の取締役，執行役，使用人（一定の大口株主等を除く。以下「取締役等」という。）若しくは権利承継相続人又はその株式会社の特定従事者等に対して付与する自社株式を一定の期間内にあらかじめ定められた権利行使の日における価額で購入することができる権利とされる。このストック・オプション等については，ストック・オプション税制の適用を受けて取得する「税制適格ストック・オプション」とその適用を受けないで取得する「税制非適格ストック・オプション」に区分されている。

2　令和5年度税制改正

(1)　権利行使期間の上限の延長

ストック・オプション税制の適用対象となる新株予約権に係る契約を締結した株式会社が，次に掲げる要件を満たすもの（いわゆるスタートアップ企業）である場合には，その新株予約権の行使は，付与決議の日後15年（改正前：10年）を経過する日までの間に行わなければならないこととされ，権利行使の期間が延長された。

①　株式会社が，付与決議の日においてその設立の日以後の期間が5年未満であること。

②　株式会社が、付与決議の日において金融商品取引所に上場されている株式又は店頭売買登録銘柄として登録されている株式を発行する会社以外の会社であること。
(2)　調書の記載事項の追加
　上記(1)の改正に伴い、「特定新株予約権の付与に関する調書」について、その新株予約権の行使が付与決議の日後10年を経過する日の翌日以後の日までの間に行わなければならないこととされている場合には、その株式会社の設立の年月日を記載することとされた。
3　適用関係
(1)　上記2(1)の改正は、取締役等又は特定従事者が令和5年4月1日以後に行われる付与決議に基づき締結される契約により与えられる特定新株予約権に係る株式について適用され、取締役等又は特定従事者が同日前に行われた付与決議に基づき締結された契約により与えられる特定新株予約権に係る株式については、なお従前の例による。
(2)　上記2(2)の改正は、特定新株予約権でその付与をした日が令和5年4月1日以後であるものについて適用され、特定新株予約権でその付与をした日が同日前であるものについては、なお従前の例による。

対　応

　新しい資本主義実現会議のグランドデザイン及び実行計画2023改訂版（令和5年6月16日）における「スタートアップ育成5か年計画」では、創業数と創業規模の両面でわが国のスタートアップの成長を促すため、スタートアップへの投資額を、現在の8,000億円規模から、5年後に10倍を超える規模（10兆円規模）とすること、ユニコーンを100社、スタートアップを10万社創出することなど大きな目標が掲げられている。

　令和5年度税制改正により、事業化に時間を要するディープテック（具体例：ロボティクス、半導体技術、量子コンピュータ、新素材、二次電池及びバイオテクノロジーなどの差別化された高度な科学・エンジニアリング技術分野）又は海外展開等を積極的に行うため未上場期間を長く取り大きな成長を目指すスタートアップ企業における人材確保の実現に寄与することが期待される。

　　　　　　　　　　　　　　　　　　　　　　　（宮森　俊樹）

参考条文・判決等
措法29の2①一，措規11の3①，措規別表第6(1)，令和5年改正法附則31，令和5年改正措規附則13①④

78 年間権利行使価額の限度額の引上げ等の見直し

CASE

ユニコーン企業を目指してスタートアップが大きく成長するためには，レイターステージから上場前後の企業価値が高くなった時期で更なる成長に必要な優秀な人材を採用する必要があります。

令和6年度税制改正では，スタートアップの人材獲得力の向上を図る観点から，年間権利行使価額の限度額が引き上げ及び社外高度人材（外部協力者）の適用対象者の範囲が拡充等の見直しが行われました。

見直された税制適格ストック・オプションの制度の概要とその実務上の留意点について教えてください。

検 討

1 権利行使価額の限度額の引上げ

設立5年未満の株式会社が付与したものは上限2,400万円（改正前：1,200万円），設立5年以上20年未満の非上場又は上場後5年未満の株式会社が付与したものは上限3,600万円（改正前：1,200万円）とされた。

2 社外高度人材の適用対象者の拡充

適用対象となる特定従事者に係る要件について，次に掲げる見直しが行われた。

(1) 認定新規中小企業者等に係る要件

「新事業活動に係る投資及び指導を行うことを業とする者が新規中小企業者等の株式を最初に取得する時において，資本金の額が5億円未満，かつ，常時使用する従業員の数が900人以下の会社であること」との要件が廃止された。

(2) 社外高度人材に係る要件

① 「3年以上の実務経験があること」との要件が，金融商品取引所に上場されている株式等の発行者である会社の役員については「1年以上の実務経験があること」とされ，国家資格を有する者，博士の学位を有する者及び高度専門職の在留資格をもって在留している者については廃止された。

② 社外高度人材の範囲に,「教授及び准教授」,「金融商品取引所に上場されている株式等の発行者である会社の重要な使用人として,1年以上の実務経験がある者」,「金融商品取引所に上場されている株式等の発行者である会社以外の一定の会社の役員及び重要な使用人として,1年以上の実務経験がある者」など適用対象者の範囲が拡充された。

(3) 株式保管委託要件の拡充

非上場の段階でストック・オプションを行使し,株式に転換する場合,税制適格の対象とするためには,証券会社等と契約し,専用の口座を従業員ごとに開設したうえで,その株式を保管委託する必要があったが,発行法人による株式の管理等がされる場合には,発行法人による株式の管理との選択適用が可能とされた。

(4) 認定手続の軽減

権利者が付与決議の日において特定新株予約権の行使に係る株式会社の大口株主等に該当しなかったことを誓約する書面等について,その書面等の提出に代えて,その書面等に記載すべき事項を電磁的方法により提供できることとされ,計画認定に際して必要な申請書類が簡素化された。

2 適用関係

上記1の改正は,令和6年4月1日以後から適用される。

対 応

令和6年度税制改正では,スタートアップが,兼業・副業等の多様な働き方で活躍する国内外の高度専門人材獲得力の向上を図る観点から,税制適格ストック・オプションの適用対象者を取締役・従業員から,スタートアップの成長に貢献する社外高度人材にまで拡大し,ストック・オプションを利用した柔軟なインセンティブ付与の実現が可能とされた。

また,「社外高度人材活用新事業分野開拓計画」を作成し,主務大臣の認定を受ければ,認定を受けた事業者(新規中小企業者等)は,認定計画の実施に必要な資金の調達に際し,中小企業基盤整備機構の債務保証制度などの金融支援も受けることが可能とされるので留意が必要である。

(宮森　俊樹)

参考条文・判決等
措法29の2①②③,強化法10〜12

IX 申告書の作成等・その他

79 赤字子会社の合併と課税関係

CASE

当社（A社）は今度，赤字の100％子会社（B社）を吸収合併することになりました。合併によって生じる税法上の課税関係について説明してください。

検討

税制上合併は適格合併と非適格合併に区分され，このケースは100％子会社との合併のため，合併に際し金銭等の交付がなければ適格合併となり，金銭等の交付があれば非適格合併となる。適格合併と非適格合併では以下の点で取扱いが異なる。

1 譲渡損益課税

非適格合併の場合には，資産及び負債を時価で譲渡したこととなり，譲渡益及び譲渡損が発生することとなるが，本CASEでは完全支配関係があるため，譲渡損益調整資産に係る譲渡益及び譲渡損は，被合併法人の損金及び益金に算入され課税の繰延べが行われる。一方，適格合併の場合では，資産及び負債を簿価にて引継ぎを行ったものとして計算することとなる。よって，被合併法人においては合併に係る譲渡損益は発生しない。

2 欠損金の引継ぎ

赤字子会社と合併を行う場合，その有する繰越欠損金を引き継ぐかが問題となるが，適格合併に該当する場合だけその引継ぎが認められている。しかし，多額の繰越欠損金を有する会社を利用した不当な租税回避行為防止のため，一定の引継ぎ制限がある。合併法人の合併事業年度開始の日の5年前の日以後に支配関係が生じる場合，みなし共同事業要件を満たさない等の諸要件に合致する場合は欠損金の引継ぎ制限が課されることとなる。

3 特定資産の譲渡等損失の損金不算入

1で述べたとおり，適格合併の場合や，完全支配関係のある会社間の合併では，被合併法人の資産及び負債を実質的にその簿価のまま引き継ぐこととなる。この場合，その引継ぎ資産は当初の取得価額のままであり，仮にその資産に巨額な含み損がある場合などには，合併後にその資産を譲渡することにより巨額な譲渡損が計上され一種の租税回避行為として使用さ

れるおそれがある。そこで，合併法人の合併事業年度開始の日の5年前の日以後に支配関係が生じている場合等の諸要件に合致する場合には，この規定の適用の対象となる。この場合，合併事業年度開始の日以後3年を経過する日と，その支配関係が生じた日以後5年を経過する日のいずれか早い日を経過するまでの譲渡に係る譲渡損は損金不算入となる。

4 抱合株式

100％子会社との合併を行う場合には，合併法人が合併前から有する被合併法人の株式（抱合株式）に合併法人の株式の割当てを行わないことがほとんどである。適格合併の場合では，合併法人が所有する抱合株式の消滅損は資本金等の額より減算されることとなる。これは合併法人がいったん一般の株主と同一の基準により，合併法人の株式割当等を行ったものとみなされた自己株式についての処理である。非適格合併の場合では，合併法人が抱合株式に対して新株の交付を行わなかった場合，合併法人は被合併法人から株式の割当てを受けたものとして，みなし配当課税が生じ，金銭等の交付等があれば抱合株式の譲渡損益が生ずる。本CASEであれば，仮に非適格合併となった場合においても，赤字会社との合併なので，みなし配当課税が発生することはないと思われる。また，抱合株式の譲渡についても，その譲渡価額を合併直前の帳簿価額に相当する金額とするとされているため，譲渡損益は発生しないこととなる。

なお，適格現物分配による移転資産が非現物分配法人の株式（自己株式）である場合には，この制度の対象から除外される。

対 応

本CASEでは100％完全支配関係法人間の合併となるので，仮に非適格合併となったにしても，譲渡損益調整資産に係る譲渡損益の実現はグループ外への譲渡等が行われるまで繰り延べられる結果となり譲渡損益による課税関係は発生しない。しかし，基本的には非適格合併による資産の移転は，原則として時価による譲渡があったものとされ，譲渡損益の問題が発生することから，適格合併，非適格合併いずれに該当するか正確に見極め，さらなる慎重な税務処理が必要となってくるであろう。　　　（焼山　良太）

参考条文・判決等
法法57②③，61の11，62，62の2，62の7，61の2

80 民事再生法適用会社における欠損金の使用

CASE

当社は建設業を営んでおりますが，資金繰りが悪化し経営に行き詰まりました。そこで，当社は民事再生法による再生手続開始の申立てを行い，再生手続開始の決定を受け，再生計画案の策定を行いました。

当社は再生計画において，債権者から3億円の債務免除，役員・株主から私財提供1億円を受け，また資産評定により土地の評価益2億円，建物その他の資産の評価損4億円を計上することにしております。なお，当社の当期の欠損金控除前の所得は1億5,000万円となり，黒字決算となる予定ですが，当社はこれまでに2億円の欠損金を有しており，そのうち8,000万円が青色欠損金です。

そこで，再生計画の認可決定を受けた当社では，欠損金をどのように使用することになるのかを教えてください。

検 討

1 期限切れ欠損金を使用することができる場合

民事再生法の規定による再生手続開始の決定があった場合には，次のいずれかに該当するときには，期限切れ欠損金を使用することができる。

① その内国法人に対し一定の債権を有する者からその債権につき債務免除を受けた場合
② その内国法人の役員等から金銭その他の資産の贈与を受けた場合
③ 再生計画認可決定時に資産評定を行い，評価損益を計上した場合

なお，③に該当する場合には，期限切れ欠損金が青色欠損金及び災害損失欠損金に優先して損金の額に算入されることになる。

2 損金の額に算入される欠損金額

適用年度において損金の額に算入される金額は，次の①から③までの金額のうち最も少ない金額になる。

① 債務免除等による利益の合計額

$$\left\{ \begin{pmatrix} 債務の免除等 \\ を受けた金額 \end{pmatrix} + \begin{pmatrix} 私財の提供を \\ 受けた金額等 \end{pmatrix} + \begin{pmatrix} 資産の評価 \\ 益の金額 \end{pmatrix} - \begin{pmatrix} 資産の評価 \\ 損の金額 \end{pmatrix} \right\}$$

② 期限切れ欠損金として使用することができる金額

$$\left[\begin{array}{l}\text{適用年度終了のときにおける前事業}\\\text{年度以前の事業年度から繰り越され}\\\text{た欠損金額の合計額}^{(注1)}\end{array}\right] - \left[\begin{array}{l}\text{青色欠損金又は災害損}\\\text{失欠損金の額}^{(注2)}\end{array}\right]$$

(注1) 別表五㊀「31」①欄の金額がマイナスである場合の絶対値

(注2) 別表七㊀「3の計」欄の金額。ただし、上記1③の適用を受けない場合には、別表七㊀「4の計」欄の金額。

③ 当期の所得金額

別表四「52」①欄の金額(注3)

(注3) ただし、上記1③の適用を受けない場合には、別表四「52」①から別表七㊀「4の計」欄の金額を差し引いた金額となる。

なお、欠損金額の損金の額への算入については、確定申告書に欠損金額に相当する金額の損金算入に関する明細の記載があり、かつ、債務の免除を受けた金額等一定の事項を記載した書類及び事実が生じたことを証する書類の添付がある場合に限り適用される。

対 応

本CASEの場合の欠損金額の損金の額への算入の計算を上記検討2に即して行うと次のようになる。

① 3億円＋1億円＋（2億円－4億円）＝2億円
② 2億円－8,000万円＝1億2,000万円
③ 1億5,000万円

したがって、このうち最も少ない金額である②の1億2,000万円（期限切れ欠損金）をまず損金の額へ算入し、次に青色欠損金のうち3,000万円を損金の額へ算入することで当期の所得は0となり、課税は生じなくなる。

また、期限切れ欠損金を青色欠損金に優先して使用したことから、青色欠損金のうち使用していない5,000万円については、次期以降の所得が生じた事業年度に使用することが可能になる。

(玉ノ井 孝一)

参考条文・判決等

法法25③、33④、57①、58①、59①②、法令117、117の2、法基通12－3－1、12－3－2

81 適格合併における被合併法人の繰越欠損金の引継ぎ制限

CASE

A社は，当期中にA社を合併法人，A社の100％子会社であるB社（A社の事業と関連しない事業を営み，A社と事業年度が同一である法人で，合併直前々期に生じた青色欠損金額が2,000万円ありました。）を被合併法人として，法人税法上の適格合併を行いました。

なお，A社は，前期にB社の発行済株式100％を取得していますが，それ以前にB社の株式を保有したことはありませんでした。

このような場合に，B社の青色欠損金額2,000万円をA社の青色欠損金額として引き継ぐことは可能でしょうか。

検 討

適格合併が行われた場合には，原則として，被合併法人の適格合併の日前10年以内に開始した各事業年度（以下「前10年内事業年度」という。）において生じた青色欠損金額のうち，損金に算入された金額及び欠損金の繰戻し還付の計算の基礎となった金額以外の金額（以下「未処理欠損金額」という。）は，それぞれ前10年内事業年度開始の日の属する合併法人の各事業年度に生じた未処理欠損金額とみなして，合併法人に引き継がれる。

ただし，①適格合併が共同事業要件を満たしていない場合，②合併法人と被合併法人との間に，合併法人の適格合併の日の属する事業年度開始の日の5年前の日（以下「5年前の日」という。）から継続して支配関係がない場合，③合併法人又は被合併法人が5年前の日後に設立された法人である場合において，合併法人又は被合併法人の設立の日のうち，いずれか遅い日から継続して支配関係がない場合には，次に掲げる被合併法人の未処理欠損金額は，原則として，合併法人に引き継ぐことはできない。

(1) 被合併法人の前10年内事業年度から支配関係事業年度（合併法人と被合併法人との間に最後に支配関係があることとなった日の属する事業年度，以下同じ。）前までの各事業年度において生じた未処理欠損金額（以下「支配関係前未処理欠損金額」という。）。

(2) 被合併法人の支配関係事業年度以後の各事業年度で前10年内事業年度において生じた未処理欠損金額のうち，被合併法人が支配関係の生じた

日の属する事業年度開始の日前から有していた特定資産の譲渡、評価替え、貸倒れ又は除却等により生じた損失額（譲渡又は評価替えによる利益がある場合には、その利益を相殺した後の損失額）に相当する金額から成る部分の金額（以下「特定資産譲渡等損失相当額」という。）

なお、被合併法人の支配関係事業年度の前事業年度終了の時における時価純資産超過額（時価純資産価額が簿価純資産価額を超える場合のその超える部分の金額）と支配関係前未処理欠損金額との関係、又は簿価純資産超過額（簿価純資産価額が時価純資産価額を超える場合のその超える部分の金額）と特定資産譲渡等損失相当額との関係が、次に掲げる場合に該当するときは、それぞれに掲げる被合併法人の未処理欠損金額は、引継ぎ制限の対象にしないことができる。

(1) 「時価純資産超過額≧支配関係前未処理欠損金額」である場合又は支配関係前未処理欠損金額がない場合
　・未処理欠損金額の全額
(2) 「時価純資産超過額＜支配関係前未処理欠損金額」である場合
　・支配関係前未処理欠損金額のうち、時価純資産超過額に相当する金額
　・支配関係事業年度から適格合併の直前事業年度までの各事業年度において生じた未処理欠損金額
(3) 「簿価純資産超過額＜特定資産譲渡等損失相当額」である場合
　・特定資産譲渡等損失相当額のうち、簿価純資産超過額を上回る部分の金額

対　応

　A社とB社は、互いの事業に関連性がなく、適格合併の日の属するA社の事業年度開始の日の5年前の日以後に支配関係が生じているため、原則として、B社の青色欠損金額2,000万円をA社に引き継ぐことはできない。

　ただし、B社の前々期末における時価純資産価額や簿価純資産価額の状況によっては、B社の青色欠損金額の全部又は一部をA社に引き継ぐことができるため、B社の前々期末における資産・負債の状況を調査する必要がある。
　　　　　　　　　　　　　　　　　　　　　　　　　　　（中田　博）

参考条文・判決等
法法57②③、法令112①～⑤、113①～④

82 受取配当等の益金不算入制度

CASE

当社は取引先であるＡ社の株式を30％所有し，毎年配当を受け取っています。今回，Ａ社の配当等の額の計算期間初日において，Ａ社株式を追加取得したことで保有割合が35％になりましたが，受取配当等の益金不算入額にどのような影響を受けるでしょうか。

検 討

1 元本の区分と益金不算入額

元本の区分とそれに応じた益金不算入額は次のとおりである。

区分	株式等保有割合	益金不算入額
完全子法人株式等	100％（完全支配関係）	受取配当等の全額
関連法人株式等	1／3超	受取配当等の額から負債利子を控除した金額
その他の株式等	5％超1／3以下	受取配当等の額の50％
非支配目的株式等	5％以下	受取配当等の額の20％

完全子法人株式等とは配当等の額の計算期間の初日からその計算期間の末日まで継続して完全支配関係があった場合の株式等をいい，関連法人株式等とは，配当等の額の計算期間の初日からその計算期間の末日まで引き続き発行済株式等の総数の3分の1を超える株式等を有している場合の株式等をいう。また，非支配目的株式等とは配当基準日において発行済株式等の総数の100分の5以下の株式等及び特定株式投資信託の受益権をいい，その他の株式等とは完全子法人株式等，関連法人株式等及び非支配目的株式等のいずれにも該当しない株式等をいう。

2 負債利子の控除

上記1の関連法人株式等に限りその益金不算入額の算定において，その法人がその事業年度において支払う負債利子がある場合にはその負債利子の額のうち配当等の元本に対応する金額を配当等の額から控除することとされています。負債利子の額の計算は原則法（総資産按分法）と簡便法（基準年度実績による方法）とがあり，いずれかの方法により計算する。

3 令和4年度税制改正（一定の配当等に係る源泉徴収の廃止）

(1) 一定の配当等に係る源泉徴収の廃止

事業者等の負担を軽減する観点等から，原則として全額に法人税が課されていない完全子法人株式等及び関連法人株式等に相当する一定の内国法人の株式等に係る配当等については，所得税を課さないこととされ，配当等に係る源泉徴収も行わないこととされた。

(2) 適用対象となる法人

適用対象となるのは内国法人のうち一般社団法人等以外の法人である。そこで，一般社団法人及び一般財団法人（公益社団法人及び公益財団法人を除く。），人格のない社団等並びに法人税法以外の法律によって公益法人等とみなされている一定の法人（具体的には，認可地縁団体，管理組合法人，団地管理組合法人，政党等，防災街区整備事業組合，特定非営利活動法人，マンション建替組合，マンション敷地売却組合及び敷地分割組合）については，従前どおり配当等に所得税が課される。

(3) 適 用 関 係

この改正は令和5年10月1日以後に支払いを受けるべき配当等について適用される。

対 応

本CASEにおいて，A社株式の保有割合が30％の時にはその他の株式等として益金不算入額は「配当等の額の50％」で計算していたが，配当等の額の計算期間の初日から保有割合が35％（1／3超）になったことで関連法人株式等として益金不算入額は「配当等の額から負債利子の額を控除した額」で計算することとなる。

（冨永　典寿）

参考条文・判決等

法法23，法令21，22，22の2，22の3，措法67の6，措令39の30，所法177，212，所令301，令和4年改正法附則6，8

83 「役員借入金」の債務免除を行う際の税務上の留意点

CASE

私は中小企業のオーナー社長です。会社にお金が不足した場合には，その都度，私個人の資金を会社に入れてきました。会計上，このお金は会社の役員借入金（私から見ると会社への貸付金）となるようです。この役員借入金も累積で結構多額になっていますが，別に返して貰うつもりもありませんし，第一返して貰える見込みも現況では全くありません。

もし私が死んだら，この回収不能な会社への貸付金が相続税の課税対象になると聞きましたが，そんなことがあるのでしょうか。

検 討

同族会社では，オーナー社長からの「役員借入金」が計上されている場合が多い。運転資金として会社にお金を貸すのは普通であるし，赤字企業であれば多くのケースで社長が会社にお金を入れることになる。また，儲かっている会社でも節税のため多額の役員報酬を計上し，そのために会社にお金が足りなくなったら，社長が会社にお金を貸すことになる。

1 役員借入金

「役員借入金」は普段はあまり問題にならないが，いざオーナー社長が死亡した場合には相続及び相続税の問題が生じる可能性がある。「役員借入金」は被相続人である社長の「貸付金債権」という相続財産となり，その相続税評価額もその元本価額と既経過利息との合計額で評価されてしまう。

会社から当該金額を回収できればよいが，多くの場合回収することは困難であろう。だからといって，この「貸付金債権」を回収可能額で評価することは，一定の場合を除いて認められない。「今は回収できないかもしれないが，会社が儲かれば返済してもらえるではないか。」ということである。

このような「役員借入金」を解消する手段の一つとして，会社が当該債務について社長から債務免除を受けるという方法がある。

2 法人の債務免除益

法人が債務免除を受けた場合，当該債務免除益が益金の額に算入されることになる。ただし，これにより多額の法人税等が発生してしまうことになれば，社長からすれば本意ではないであろう。そこで，繰越欠損金があれ

ば，それを利用して計画的に債務免除を行っていくことが現実的であろう。

3 個人のみなし贈与

オーナー社長以外にも複数の株主がいる同族会社において，その会社がオーナー社長から債務免除を受けた場合，その会社の純資産額が増加することになる。すると，その会社の株式の価額（純資産価額）が増加するので，他の株主（オーナー社長以外の株主）の所有する株式の価額が増加する。

この場合において，債務免除を行ったオーナー社長と他の株主が親族等の関係にあるときには，債務免除を行った株主から他の株主に対する贈与とみなされ，贈与税の課税対象となる。このときの贈与の額については，債務免除後の株式価額から債務免除がなかった場合の株式価額を控除した金額を計算することになると考えられる。

この計算を財産評価基本通達にしたがって行うとすれば，以下に掲げるような方法によることになるであろう。

(1) 純資産価額方式によるみなし贈与の額

債務免除後の1株当たり純資産額については，「純資産の額−（負債の額−債務免除額＋受贈益に係る法人税等相当額）」を発行済株式総数で除して計算する。

(2) 類似業種比準方式によるみなし贈与の額

債務免除後の1株当たり類似業種比準価額についても，直前期末に債務免除があったものとして計算することになるであろう。なお，債務免除益は非経常的な利益金額に該当すると考えられるので，1株あたり利益金額の計算上は除外することになるであろう。

ところで，以上のような株式評価を行った場合，債務免除前と債務免除後の評価額がともにゼロであることも考えられる。その場合には，みなし贈与の額もゼロであるということになる。

対　応

「役員借入金」の解消方法としては，上記以外に「貸付金債権」自体を（例えば後継者等に）贈与または譲渡する方法やデット・エクイティ・スワップ（DES）を利用する方法等がある。いずれの方法を用いるにしても，税務上のメリット・デメリットがあるため，慎重な検討が必要となる。（玉ノ井　孝一）

参考文献・判決等
相法9，相基通9−2(3)，評基通204

84 会社が災害に遭った場合の法人税の手続

CASE

全国各地で，台風や大雨，地震などの自然災害が頻繁に起きています。会社がそのような災害に遭った場合には，法人税の手続はどのようになりますか。制度や留意点などについて，教えてください。

検 討

被災に伴う費用又は損失（①棚卸資産，固定資産などの資産が災害により滅失又は損壊した場合の損失②損壊した資産の取壊し又は除去のための費用③土砂その他の障害物の除去のための費用等）は，法人税法上損金の額に算入することができる。会社が災害に遭った場合に，法人税の制度を整理すると，次に掲げるとおりとなる。

1 評価損の計上

棚卸資産等につき災害による著しい損傷が生じたことにより，時価が帳簿価額を下回った場合には，その差額につき損金経理をすることにより，評価損として損金の額に算入することができる。

2 復旧費用の資本的支出又は修繕費の区分

被害を受けた固定資産（上記1の計上をしたものを除く。以下被災資産という。）について支出する復旧費用に係る資本的支出と修繕費の区分については，次のとおりである。

① 原状回復費用や被災前の効用を維持するための補強工事等の費用は，修繕費とする。
② 支出金額の30％相当額を修繕費とし，残額を資本的支出とする。

3 災害損失特別勘定の設定

被害を受けた棚卸資産等の修繕等のために，災害日から1年以内に支出する費用の適正な見積額として繰入限度額以下の金額を，損金経理により災害損失特別勘定に繰り入れた場合には，その災害損失特別勘定として繰り入れた金額は，損金の額に算入することができる。

また，災害日から1年を経過する日の属する事業年度において，災害損失特別勘定の残額がある場合には，残額を取り崩して益金の額に算入するが，やむを得ず修繕等が遅れているときは，税務署長の確認を受けること

により、修繕等の完了見込み日の属する事業年度まで、残額の益金算入を延長することができる。

4 特定非常災害が起きた場合の特別償却や圧縮記帳の特例

特定非常災害^(注)発生日の翌日以後5年を経過する日までの期間内に、被災代替資産等の取得等をして事業の用に供した場合には、特別償却をすることができる。また、収用等又は特定の資産の譲渡に伴い特別勘定を設けて、特定非常災害に基因するやむを得ない事情により指定期間内に代替資産の取得が困難となった場合には、その期間を2年以内の範囲で延長することができる。

(注) 特定非常災害の被害者の権利利益の保全等を図るための特別措置に関する法律第2条第1項の規定により指定された非常災害をいう。適用例としては、東日本大震災、平成28年熊本地震、令和6年能登半島地震などがある。

対 応

災害等により期限までに申告等ができないときは、納税者の申請により、その理由のやんだ日から2か月以内に限り、申告等の期限が延長される。また、国税庁長官が、地域等を指定して期限を延長する制度、青色申告書を提出しなかった事業年度の欠損金の特例制度、災害損失欠損金の繰戻しによる還付制度などもある。一方、取引先等が被災した場合には、災害見舞金、売掛債権の免除等、低利又は無利息融資、自社製品等の被災者に対する提供、国等に対する寄附金等などの制度がある。会社が被った様々な災害に応じて、上記各種規定を的確に把握し、その適用には、十分留意する必要があると思われる。

(中村　彰宏)

参考条文・判決等

法法33②、法基通7-8-6、法基通12-2-6〜12-2-13、法法58①、法法80①⑤、措法43の2、措法64の2⑰・65の8⑲、通法11、通法46、通令3①〜③、措通61の4(1)-10の3、法基通9-4-6の2、法基通9-4-6の3、法基通9-4-6の4、法法37③

85 確定申告書の提出期限の延長の特例

CASE

日本企業の「決算日から定時株主総会開催の日までの日数」は平均2.8か月（平成26年3月末日決算の東証上場企業2,358社の平均値）とされており，諸外国（米英仏独蘭）の主要企業の平均4～5ヶ月と比べると短く，定時株主総会の開催も6月後半に集中している現況から，株主・投資家の対話期間及び企業の情報開示の準備期間が十分ではない現況にある。

そこで，平成29年度税制改正では，企業と投資家の対話の充実を図り，上場企業等が株主総会の開催日を柔軟に設定できるようにするため，法人税等の申告期限の延長可能月数が拡大されたそうですが，その内容について教えてください。

検 討

1 会社法上の取扱い

会社法上，法人は柔軟に株主総会の日の設定が可能とされている。例えば，3月決算法人が「決算日から4か月後」である7月末に株主総会を開催することが可能であり，8月以降に株主総会を開催することも可能とされている。

2 法人税法上の取扱い

(1) 原　　則

内国法人は，原則として各事業年度終了の日の翌日から2か月以内に税務署長に対し，確定した決算に基づく申告書を提出しなければならないとされている。

(2) 特例（平成29年度税制改正）

定款の定め又は特別の事情があることにより，その事業年度以降の各事業年度終了の日の翌日から2か月以内にその各事業年度の決算についての定時総会が招集されない常況にあると認められるときには，納税地の所轄税務署長は，その法人の申請に基づき，その事業年度以後の各事業年度の申告書の提出期限を1か月間（次のイ又はロに掲げる場合に該当するときには，それぞれに掲げる期間）延長をすることができる。

イ　会計監査人を置き定款等の定めがある場合

　　法人が，会計監査人を置いている場合で，かつ，定款，寄附行為，規則その他これらに準ずるもの（以下「定款等」という。）の定めによりその事業年度以降の各事業年度終了の日の翌日から3か月以内にその各事業年度の決算についての定時総会が招集されない常況にあると認められるときには，確定申告書の提出期限をその定めの内容を勘案して4か月を超えない範囲内において税務署長が指定する月数の期間まで延長をすることができる。

　ロ　特別の事情がある場合

　　特別の事情があることにより各事業年度終了の日の翌日から3か月以内にその各事業年度の決算についての定時総会が招集されない常況にあることその他やむを得ない事情があると認められるときには，税務署長が指定する月数の期間まで延長をすることができる。

(3)　適用関係

　上記(2)の改正は，法人の平成29年4月1日以降の申請に係る法人税から適用される。

　なお，これら申請は，確定申告書等に係る事業年度終了の日までに，定款等の定め又は特別の事情の内容，指定を受けようとする月数等を記載した申請書をもって行うこととされる。

対　応

　わが国経済の好循環を確かなものとするためには，コーポレートガバナンスの強化により，中長期的な企業価値の向上に資する投資など，「攻めの経営」を促進することが重要であると考えられている。こうした観点を踏まえ，平成29年度税制改正では，法人税等の申告期限が事業年度終了後6か月以内を限度として税務署長が指定する月数の期間の延長が可能となった。

　なお，令和2年度税制改正では，法人の令和3年3月31日以後に終了する事業年度終了の日の属する課税期間から消費税も法人と同様に申告期限の1月延長が認められることとなった。　　　　　　　　　　（宮森　俊樹）

参考条文・判決等

法法71⑤，74①，75の2①③④，144の3⑤，144の8①，法基通17-1-4，平成29年改正法附則1三，20，21，24，25，27，28，消法45の2，消令63の2，措令45の4③，46④

86 時価評価される売買目的有価証券

CASE

当社では，今期から有価証券の短期売買を行うための専門の担当者を置き，期中において多数の売買を行っております。決算期末において下記の有価証券を保有していますが，決算に当たりどのような処理をすればよいでしょうか。
① 上場株式（短期売買目的で取得）
　　帳簿価額：6,800万円，期末時価：6,200万円
② 関係会社株式
　　帳簿価額：3,000万円，期末時価：4,500万円

検　討

1　有価証券の期末評価額
有価証券の期末評価額は次のように評価される。
① 売買目的有価証券…時価
② 売買目的外有価証券…帳簿価額

ただし，償還期限及び償還金額の定めのある有価証券（一定の新株予約権付社債等を除く。）については，帳簿価額と償還金額との差額のうち，当期に配分すべき金額をその帳簿価額に加算又は減算した金額とする。

2　評価損益の益金・損金算入
売買目的有価証券を時価評価したことによる評価益又は評価損の金額は，益金の額又は損金の額に算入される。なお，その評価益又は評価損の金額は，翌事業年度において損金の額又は益金の額に算入される（洗替え）。

3　有価証券の区分

(1) 売買目的有価証券
① 短期売買目的で行う取引に専ら従事する者が，短期売買目的で取得の取引を行った有価証券
② 取得日において，短期売買目的で取得したものである旨を帳簿書類に記載した有価証券（上記①を除く。）
③ 金銭の信託（集団投資信託等を除く。）のうち，その金銭の支出日において，その信託財産として短期売買目的の有価証券を取得する旨を帳簿

書類に記載したもののその信託財産に属する有価証券
(2) 売買目的外有価証券
　売買目的有価証券以外の有価証券をいう。具体的には，関係会社株式や持合株式などが挙げられる。
4　有価証券の区分変更
　次の事由が生じた場合には，有価証券の区分は次のように変更される。なお，この区分変更はみなし譲渡とされ，課税されることがあるので注意が必要である。
(1) 売買目的有価証券から売買目的外有価証券への変更
① その株式又は出資の保有割合が20％以上となったこと
② 短期売買業務の全部を廃止したこと
(2) 売買目的外有価証券から売買目的有価証券への変更
① その株式又は出資の保有割合が20％未満となった場合で，その事実が生じた時に取得するものとした場合に売買目的有価証券に該当すること
② 法令の規定に従って新たに短期売買業務を行うこととなったことに伴い，売買目的外有価証券を短期売買業務に使用することとなったこと

対　応

　本CASEにおける上場株式は売買目的有価証券に該当するので，決算期末において時価評価することとなる。すなわち，時価と帳簿価額との差額600万円が評価損として損金の額に算入されることとなる。
　一方，関係会社株式は売買目的外有価証券に該当するので，帳簿価額のままとなる。
　このように保有する有価証券が売買目的有価証券に該当するか否かにより，課税所得に多大な影響が出るので，有価証券の区分を厳密に行う必要がある。

（星山　光雄）

参考条文・判決等
法法61の3，法令119の11，119の12，119の15，法規27の5

87 デリバティブ取引の処理

CASE

当社は今期からデリバティブ取引を始めましたが，決算期末において未決済となっております。翌期に決済する予定ですが，このデリバティブ取引の損益は決済時に計上すればよいのでしょうか。

検 討

1 デリバティブ取引

デリバティブ取引とは，金利，通貨の価格，商品の価格その他の指標の数値としてあらかじめ当事者間で約定された数値と将来の一定の時期における現実のその指標の数値との差に基づいて算出される金銭の授受を約する取引又はこれに類似する取引をいう。

具体的には次に掲げるものがデリバティブ取引に該当する。

① 市場デリバティブ取引
② 店頭デリバティブ取引
③ 外国市場デリバティブ取引
④ 商品デリバティブ取引
⑤ 排出権デリバティブ取引
⑥ 商品等オプション取引
⑦ 選択権付債券売買
⑧ 先物外国為替取引
⑨ ①から⑧に掲げる取引に類似する取引で以下の要件の全てを満たす取引
　(イ) その価値が，特定の金利，有価証券の価格，現物商品の価格，外国為替相場，各種の価格又は率の指数，信用格付け，信用指数その他これらに類する変数の変化に反応して変化し，かつ，想定元本又は決済金額のいずれか又はその両方を有する取引であること。
　(ロ) 当初純投資が不要であるか，又は同一の効果若しくは成果をもたらす類似の一般的な取引と比べ当初純投資をほとんど必要としない取引であること。
　(ハ) その取引に係る契約の条項により純額決済を要求又は容認する取引

であること。

2 税務処理

デリバティブ取引については，決済時の利益の額又は損失の額が益金の額又は損金の額に算入される。

ただし，事業年度の終了の時において未決済となっているデリバティブ取引がある場合には，その未決済デリバティブ取引を事業年度の終了の時において決済したものとみなして算出した利益の額又は損失の額に相当する金額が，益金の額又は損金の額に算入されることとなる。なお，この益金の額又は損金の額に算入された金額は，翌事業年度において損金の額又は益金の額に算入される（洗替え）。

対　応

過去において，デリバティブ取引に係る損益は決済時のみに計上することとされていたが，決算期末において利益（損失）の発生している取引のみを決済し，損失（利益）の発生している取引を未決済のまま残すことにより，期間損益を操作することが可能になるといった問題点があった。現在では，未決済デリバティブ取引についての評価損益を益金の額又は損金の額に算入することにより，このような問題は解消されることとなった。

なお，権利行使期日等において有利な状況にある買建ての相対オプション取引について，合理的な理由もなく権利行使を行わなかった場合には，権利行使期日等において，権利行使により生ずることとなる利益の額に相当する金額を，その取引の相手方に贈与したものとして取り扱われる。また，不利な状況にある買建ての相対オプション取引について，合理的な理由もなく権利行使を行った場合には，権利行使を行った日において，その相対オプション取引に係る損失の額に相当する金額を，その取引の相手方に贈与したものとして取り扱われる。

（星山　光雄）

参考条文・判決等

法法61の5，法令120，法規27の7，法基通2－1－37，2－1－38，2－3－35

88 外貨建債権債務の換算方法とその選定・変更

CASE

当社は，日本の伝統的な工法により高級家具を製造・販売していますが，国内市場の縮小に伴い，当期より海外の市場を開拓すべく輸出も行うようになりました。

当社では，取引発生時の為替相場による円換算額をもって経理処理を行っておりますが，決算を迎えるにあたって期末時の外貨建債権債務の換算等について教えてください。なお，当社は税務署に対して，換算方法等に関しての届出は行っておりません。

検討

1 発生時換算法と期末時換算法

外貨建債権債務の期末換算方法には，次に掲げる二つの方法がある。

(1) 発生時換算法

発生時換算法とは，期末時に有する外貨建資産等を，その取得又は発生の基因となった外貨建取引の金額の円換算に用いた外国為替の売買相場により換算した金額をもって当該外貨建資産等の期末時の円換算額とする方法をいう。

(2) 期末時換算法

期末時換算法とは，期末時に有する外貨建資産等を，当該期末時における外国為替の売買相場により換算した金額をもって，当該外貨建資産等の円換算額とする方法をいう。

2 会計上の取扱いと税務上の取扱い

「中小企業の会計に関する指針」によれば，外貨建金銭債権債務（外貨預金を含む。）については，決算時の為替相場による円換算額を付すことになっている。ただし，長期のもの（1年超のもの）について重要性がない場合には，取得時の為替相場による円換算額を付すことができる。

これに対して，法人税法の規定では，内国法人が特にその方法を選定しなかった場合には，短期外貨建債権債務は期末時換算法，長期外貨建債権債務は発生時換算法が法定期末換算方法となっている。

すなわち，会計上いずれの方法を選択しても，それが税務上選定した期

末換算方法や選定していないため法定されている期末換算方法と異なる場合には，税務上よるべきものとされる方法により換算した金額とその帳簿価額との差額は，益金の額又は損金の額に算入されることになるのである。

3　換算方法の選定及び変更

(1)　期末換算方法の選定

　新たに外貨建資産等の取得又は発生の基因となる外貨建取引を行った場合（合併，分割，現物出資等により外貨建資産等の移転を受けた場合を含む。）は同日の属する事業年度の確定申告書の提出期限（仮決算による中間申告書を提出するときはその中間申告書の提出期限）までに，当該外貨建資産等と外貨の種類及び選定区分を同じくする外貨建資産等の期末換算方法として選定した方法を，所轄税務署長に届け出なければならない。

(2)　期末換算方法の変更

　期末換算方法として選定した方法を変更しようとするときには，新たな換算の方法を採用しようとする事業年度の開始の日の前日までに，その旨及び変更しようとする理由等を記載した申請書を所轄税務署長に提出しなければならない。

対　応

　外貨建資産等の期末換算については，会計処理と法人税務上の取扱いを一致させるように期末換算方法を選定すべきである。したがって，本CASEにおいては，当期に初めて外貨建取引が発生したのであるから，当該事業年度の確定申告書の提出期限までに，会計処理と一致させる期末換算方法を所轄税務署長に届け出るべきであろう。

（玉ノ井　孝一）

参考条文・判決等

中小企業の会計に関する指針77，78，法法61の9①，法令122の4，122の5，122の6，122の7，法基通13の2－2－11

89 ポイントサービスに関する取扱い

CASE

当社は，販売促進の一環として，商品等を購入した顧客に対してその利用に応じたポイントを発行する「ポイントサービス」を導入することにしました。この付与したポイントの取扱いはどうなりますか。

検 討

1 付与したポイントの取扱い

資産の販売等に伴い一定の自己発行ポイント等を付与した場合，原則として，収益の計上となるが，次に掲げる要件の全てに該当するときは，継続要件を条件として，自己発行ポイント等について当初の資産の販売等とは別の取引に係る収入の一部又は全部の前受けとして，収益の計上を繰り延べることができる。

(1) その付与した自己発行ポイント等が当初の資産の販売等の契約を締結しなければ相手方が受け取れない重要な権利を与えるものであること
(2) その付与した自己発行ポイント等が発行年度ごとに区分して管理されていること
(3) 法人がその付与した自己発行ポイント等に関する権利につきその有効期限を経過したこと，規約その他の契約で定める違反事項に相手方が抵触したことその他の当該法人の責に帰さないやむを得ない事情があること以外の理由により一方的に失わせることができないことが規約その他の契約において明らかにされていること
(4) 次のいずれかの要件を満たすこと
① その付与した自己発行ポイント等の呈示があった場合に値引き等をする金額が明らかにされており，かつ，将来の資産の販売等に際して，たとえ1ポイント又は1枚のクーポンの呈示があっても値引等をすることとされていること
② その付与した自己発行ポイント等が当該法人以外の者が運営するポイント等又は自ら運営する他の自己発行ポイント等で，①に該当するものと所定の交換比率により交換できることとされていること

2　前受けとした額の収益計上時期
(1) 原　　　則
　将来の資産の販売等に係る収益の前受けとして収益の計上を繰り延べたその収益の額は，資産の販売等に伴い自己発行ポイント等が行使されて値引き等をする日の属する事業年度の益金の額に算入する。
(2) 例　　　外
　自己発行ポイント等の付与の日から10年が経過した日等の属する事業年度終了時において未行使の自己発行ポイント等がある場合には，その未行使分の対価の額をその事業年度の益金の額に算入する。
　なお，同日前に次に掲げる事実が生じた場合には，その事実が生じた日の事業年度の益金の額に算入する。
① 　法人が付与した自己発行ポイント等をその付与に係る事業年度ごとに区分して管理しないこと又は管理しなくなったこと
② 　その自己発行ポイント等の有効期限が到来すること
③ 　法人が継続して収益計上を行うこととしている基準に達したこと

対　応

　この取扱いは，自己発行ポイント等を発行した場合に限定され，当該法人以外の者が運営するいわゆる他社ポイント等を付与するケースについては対象とされていない。また，不特定多数の者にポイント等を付与する場合に限られているので，特定の得意先のみにポイント等を付与するような場合には，交際費等に該当すると考えられる。

　なお，いわゆる来店者ポイントや街頭で無料配付されるクーポンなどのように，顧客に対する商品の販売等に際して付与するポイント等以外のものも，この取扱いの適用がないことに留意する。

　また，消費税においては，この付与したポイントは無償の取引であるため，不課税としての取扱いが相当とされる。　　　　　　　（在原　一憲）

参考条文・判決等
法基通 2 − 1 − 1 の 7 , 2 − 1 − 39の 3 ,「マイレージサービスに代表されるポイント制に係る税務上の取扱い ―法人税・消費税の取扱いを中心に―」(高安　滿（税務大学校研究部教授))

90 輸入品に課される関税

CASE

輸入大国日本では貨物等を輸入しようとするときには，原則として関税，内国消費税及び地方消費税が課税されます。これらは国内産業の保護の名目で価格の不平等を是正するためでもあります。そこで関税について教えてください。

検 討

1 貨物等の輸入通関の手続き

輸入者が貨物等を輸入した場合，税関に対して輸入申告が必要で，外国から到着した貨物は外国貨物を保税地域に搬入した後，必要な書類を添付して輸入（納税）申告書を税関に提出し輸入申告を行う。輸入貨物には関税・消費税等が課税されるため，輸入申告と同時に納税申告を行うことになる。輸出入・港湾関連情報処理システム（NACCS）を利用し，システム上での電子申告手続が広く活用されている。電子申告は，通関業者の専用システムからNACCSへアクセスして行う必要があり，このため一般の輸入者が電子申告をする場合は，通関業者に申告手続を依頼することになる。申告書類は税関の審査を受け，税関が必要と判断した場合，現物検査が行われる。

輸入者が関税・消費税等の税額を納付すると，税関から輸入許可書が交付され，NACCSによる申告の場合には，輸入許可書が通関業者の端末に送付される。通関業者はこれを印刷し荷主に回付する。

輸入許可を正式に受けたものであることを示す文書が「輸入許可通知書」である。輸入申告は，貨物を輸入しようとする者が行うことになっているが，税関の許可を受けた通関業者と呼ばれる代行会社に輸入手続を依頼することもできる。輸入通関手続は，カタログ通信販売等により個人輸入する場合も必要となる。

2 関税の計算と税額

関税の計算方法や関税率は細かくかつ複雑になっているが，物の種類，輸入元の国，用途で決まる。個人所有目的かビジネス目的かより，また輸入する数量によっても関税額が変わってくる。円安に伴う免税範囲の変更

や公示レートの変更により関税率や無税範囲も変更される。関税は基本的には輸入者が品物を輸入する国に対して支払うものだが，貿易条件に応じて輸出者が支払うこともある。

3　課税価格の決定方法

原則的な方法にはその輸入貨物について現実に支払われるべき価格に次の費用を加える。

①運賃，保険料その他関連する費用，②買い手により負担される手数料，輸入貨物の容器及び包装に要する費用，③買い手により直接間接に提供されたものの内材料，部分品，工具，鋳型，技術設計等の費用，④特許権，意匠権，商標権などの対価で輸入取引をするために買い手より直接間接に支払われるもの，⑤輸入貨物の処分又は使用による収益で直接間接に売り手に帰属するもの

4　換算レート

外貨建て価額の円貨換算率は，輸入申告日のレートではなく，税関の公示レート（輸入申告日の週の前々週の為替相場の週間平均値）が適用される。

5　免税

課税価格が1万円以下の貨物の場合（個人輸入の場合16,666円まで），関税，消費税及び地方消費税は免除される。

アルコール飲料については，特恵税率の適用等により仮に関税率が0％であったとしても酒税と消費税はかかる。

対　応

日本国内へ輸入される品目の水際対策を目的に，法令に基づき輸入の取り締まりを行う。輸入禁止品目や許認可を要する品目は，関税法，外国為替及び外国貿易法，その他の法令で規定されている。輸入者が輸入しようとするとき法令に基づいて許可・承認を受けている旨を税関に証明し，税関の確認を受けなければ輸入が許可されない。関税が課せられると，その分だけコストが増加し，関税をかけすぎると貿易が停滞してしまうため，適度なバランスを保って行うことが重要となる。

自給率の乏しい我が国においては物品の輸入は避けて通れない道でもある。

（辻　富世）

参考条文・判決等
関税法29，基通67-3-1～4，消基通5-6-1～2

91 外国親会社に利息を支払う場合

CASE

内国法人である当社が外国親会社から資金調達を受けた際の税務上の留意点について教えてください。

なお，外国親会社は国内に恒久的施設を有しない外国法人で，当社への持株割合は50％以上となっております。

検 討

1 源泉徴収

(1) 国内法の取扱い

内国法人が国内業務用資金を外国親会社から借入れ，その借入金利子を外国親会社に支払う場合には，所得税及び復興特別所得税の源泉徴収義務（税率20.42％）を負うこととなる。

なお，所得税法は使用地主義を採用しており，借入金の使途が国外業務用である場合には，その借入金利子は国外源泉所得に該当するため，源泉徴収は不要である。

(2) 租税条約の取扱い

日本は多くの国と租税条約を締結しているため，本取扱いにより多くの場合で源泉徴収税額が軽減される。

租税条約では，債務者主義により源泉徴収義務の有無を判断するのが一般的である。借入金の使途が国内業務用・国外業務用のいずれの場合であっても当該利子は国内源泉所得として源泉徴収義務を負うこととされる。

税率は限度税率を10％と定める国が多く，限度税率が国内法の税率よりも優先される。この場合は復興特別所得税の徴収は不要となる。

本取扱いを選択する場合，外国親会社は，最初に利子の支払を受ける日の前日までに，租税条約に関する届出書等を当該内国法人の所轄税務署長に提出する必要がある。

2 移転価格税制

外国親会社に借入金利子を支払った場合において，その支払利子が独立企業間価格を超えるときは，その差額は法人税法上，損金不算入となる。

3 過少資本税制・過大利子支払税制

(1) 過少資本税制

　外国親会社に利子を支払う場合において，外国親会社に対する平均負債残高がその外国親会社の資本持分の3倍を超えるときは，その越える金額に対応する支払利子の額は法人税法上損金不算入とされる。ただし，その内国法人の総利付負債の平均負債残高が自己資本の3倍以下である場合は，この制度は適用されない。

(2) 過大利子支払税制

　対象純支払利子等（≒対象支払利子等－控除対象受取利子等）の額が，調整所得金額（≒一定の当期所得金額＋対象純支払利子等の額＋減価償却費等他一定の金額）の20％を超える場合には，その超える金額は，その事業年度において損金不算入とされた上で，翌事業年度以後7年間において一定の限度額まで損金算入される。

　ただし，対象純支払利子等の額が2千万円以下の場合又は一定の算式で計算した金額以下である場合は，この制度は適用除外となる。

(3) 適用関係

　(1)と(2)の双方で損金不算入額が計算される場合，次のとおりとなる。

　(1)＜(2)……(2)を適用，(1)≧(2)……(1)を適用

　なお，(2)の適用除外要件を満たす場合は(1)の適用がある。

　また，(2)の損金不算入額は，受取配当等の益金不算入制度及び外国子会社合算税制において所要の調整が必要となる。

対　応

　源泉所得税の徴収義務者は内国法人であるため，国内法と租税条約の確認を行ったうえで源泉徴収の有無及び税率の判断をしなければならない。

　移転価格制度では，取引銀行の借入条件等を参考として金利を決める必要があろう。過少資本税制・過大利子支払税制により損金不算入額が発生するケースがあること，及びこれらの相互関係に留意しなければならない。

（山邉　洋）

参考条文・判決等

所法161①十，162，212①，213①一，所令283，復興財特措法8，28①②，33⑨一，措法66の4，66の5，66の5の2，66の5の3，措令39の13，39の13の2，所基通161－29，実施特例法3の2，OECDモデル条約11

92 成功報酬がある業務委託に係る印紙の取扱い

CASE

当社（A社）は，B社との間に顧客を紹介する業務委託契約を締結しました。この業務委託契約に係る報酬やノルマはありませんが，紹介した顧客がB社と契約した場合にはB社から成功報酬が当社に支払われることとなっています。

この場合，契約書に印紙を貼付する必要はあるのでしょうか。

検 討

印紙税法に規定する課税物件表に掲げられる文書には印紙税が課され，一般に収入印紙を当該文書に貼付することで納税が完了する。

実務においては，当該文書が課税物件表のいずれに該当するか，判断に悩むことが少なくない。ここでは特に混同しやすい第2号文書「請負に関する契約書」と第7号文書「継続的取引の基本となる契約書」について例を用いて解説する。

1 事例（契約書要旨）

① A社は，B社に顧客を紹介する。
② B社は，紹介された顧客と契約成立した場合，A社に成功報酬を支払う。
③ 紹介件数に応じた報酬はなく，紹介件数のノルマなどもない。
④ A社は顧客を紹介するところまでが業務内容であり，B社と顧客の契約には関与しない。
⑤ 契約期間の定めはない。

2 第2号文書に当たるか否かの判断

他者に仕事を依頼する場合，雇用契約，請負契約，委任契約といった契約に分かれるが，請負契約と委任契約は混同しやすい。請負は報酬をもって仕事の完成を依頼する契約である。一方委任（準委任）は何らかの行為を委託し，相手方が受託することで成立する。

請負契約は課税物件表における第2号文書に該当することとなるが，委任契約は印紙税の対象外である。判断のポイントとしては，第一に仕事の完成が求められているか，第二に報酬を伴うか，の2点が挙げられる。

本CASEでは、ノルマが設定されておらず、結果として紹介件数がゼロであったとしても問題がない。また成約した場合の報酬は設定されているものの、前述した1④のとおりA社の仕事は顧客を紹介した時点で完了しており、当該報酬はA社の仕事への直接の対価と認めることは難しい。

これらの点から、この契約は委任契約であり、第2号文書「請負に関する契約書」に当たらないと判断できる。

3 第7号文書に当たるか否かの判断

委任契約は印紙税の対象外と上述したが、第7号文書「継続的取引の基本となる契約書」に該当する場合は別である。売買、売買の委託、運送、運送取扱い又は請負の継続取引にかかる契約書や、売買、金融機関業、保険業、株式事務の継続委託にかかる契約書などが第7号文書に該当する。

本事例ではこれらの委託業務に当てはまらないため、第7号文書にも当たらない。

4 その他の留意事項

本事例の要旨に限って判断した場合、課税文書に当たらないとしたが、他に課税文書に当たる内容が盛り込まれていないか留意すべきである。

例えば、紹介した顧客の分析を行い定期的に報告書にまとめ、報酬を受け取ることが示されている場合、請負契約となり第2号文書及び第7号文書のいずれにも該当する。

なお、契約書の名称が業務委託契約書となっていたとしても、文書に示されている内容により判断されるため、名称だけで結論付けることはできない。

対　応

近年、パソコン等で作成された文書データ自体を契約書の原本とする契約も増えているが、契約の成立を証明する目的で作成される文書が印紙税の課税対象であるため、このような文書データは課税対象とならない。

一方で電子帳簿保存法の影響もあるため、契約書及び文書データの管理には十分な配慮が必要である。

（板橋　敏夫）

参考文献・判決等
印法2、8、印令26一、二、民法632、643、656

93 第三者割当増資に係る税法上の留意点

CASE

当社は非公開会社ですが，第三者割当増資の実施を検討しています。第三者割当増資を行う際に，税務上注意すべき点はありますか。

検 討

　株式会社が資金を調達する手段の一つとして増資があるが，第三者割当増資を行う場合には，その発行価額の決定において注意する必要がある。公正な価額と比較して，特に低い金額を意味する「特に有利な発行価額」に該当する場合には，株主に対し法人税，所得税又は贈与税が課税されるおそれがある。

1　公正な発行価額の算定方法

　原則として，第三者割当増資は公正な発行価額によって行われる。法人税法では，売買実例によることなどを原則としているが，財産評価基本通達の178から189－7まで《取引相場のない株式の評価》の例によって算定した価額を課税上弊害がない限り公正な発行価額とすることが特例として認められている。ただし，新株を取得する法人が中心的な同族株主に該当するときは発行会社は小会社に該当するものとして算定することなど，一定の条件が付されている。所得税法においても，法人税法と同様の算定方法となる。

　一方，相続税法では特別の定めがないことから，取得の時における時価として，財産評価基本通達により算定することが一般的である。財産評価基本通達によるという点では法人税法の特例と同じ算定方法であるが，条件が付されていないため算定結果は異なる場合がある。

2　法人株主の税務

　法人税法では有利発行について，その新株の発行価額を決定する日の現況における株式の時価に比べて，社会通念上相当と認められる価額を下回る価額をいうものとし，具体的には当該株式の価額と払込金額等の差額が当該株式の価額のおおむね10％相当額以上であるかどうかにより判定するとされている（現況時価100円の株を60円で発行した場合，差額は40％となり有利発行に該当すると考えられる。）。ここでいう現況における株式の時

価とは，当該決定日の時価のみではなく，決定日前1月間の平均株価等，払込金額等を決定するための基礎として相当と認められる価額とされている。

有利発行に該当した場合には，その新株の実際の発行価額と，時価との差額が受贈益として新株主に対し課税されることとなる。

3　個人株主の税

個人株主に対する増資が，有利発行に該当するかは所得税法においては法人株主と同様に判断される。ただし，同族会社の親族等の間で有利発行が行われた場合には，贈与税が課税されることとなるので後述する。

個人株主が有利な発行価額による第三者割当増資を受けた場合には，原則として一時所得として課税される。ただしその者が当該会社の役員や使用人である場合に，給与や退職所得に代えて与えられたものと認められる場合には給与所得や退職所得として課税される。

有利な発行価額による第三者割当増資が旧株主の親族等に対して行われる場合には，給与所得又は退職所得として課税される場合を除き，旧株主から当該親族等への贈与とみなし贈与税が課税される。相続税法では有利発行について特段の規定はないため，払込期日又は払込日を取得日とし，財産評価基本通達の例によって算定した価額とその新株の実際の発行価額とを比べて著しく低い価額に該当するかにより判断されることとなる（発行価額を60円と決定し，払込日の時価が100円まで上昇したとしても，著しく低い価額に該当しないと判断されれば贈与税は課税されない。）。

対　応

決定した発行価額が有利発行に該当してしまうと，新旧の株主に対する税負担が生じるおそれがある。特に相続税法では，発行価額の決定日ではなく払込日の時価によることとなるため，発行価額と時価に差額が生じるのは避けられない。また法人税法などのようにおおむね10％相当といった指標もない以上，実務的には発行価額と時価との差額を小さくするため決定日と払込日を近くするといった配慮や，相続税評価額への影響が大きい路線価や類似業種比準価額の公表時期などに留意すべきである。　　　（板橋　敏夫）

参考条文・判決等
法基通2−3−7，9−1−13，9−1−14，所基通23～35共−6(2)，7，9，59−6，相法9，22，財基通1(2)，相基通9−4，会社法209

94 特定資産の買換えの届出書の提出義務の創設

CASE

特定の資産の買換え制度は，その目的が内需拡大・供給力の向上による持続的な経済成長のため，不動産の譲渡益の活用により，事業再編や新たな国内設備投資を喚起することで，更なる民間投資の呼び水とするために課税の繰延べ制度が認められています。ただし，土地等の売買取引を多く行う大企業等において，申告時にその売買取引を並べたうえで各措置の要件に合致する譲渡資産と買換資産の組み合わせを事後的に作成し，適用を受けるという実態があることが問題とされていました。

令和5年度税制改正では，このような状況を是正するため，同一事業年度内に譲渡資産及び譲渡と買換資産の取得をする場合を対象に届出書の提出義務が創設されました。

そこで，創設された届出書の提出義務の概要とその実務上の留意点について教えてください。

検 討

1 制度の概要

「特定の資産の買換えの場合等の課税の特例（以下「特例制度」という。）」の適用を受ける場合には，確定申告書等に損金の額に算入される金額の損金算入に関する申告の記載があり，かつ，その確定申告書等にその損金の額に算入される金額の計算に関する明細書その他一定の書類を添付する必要がある。

2 令和5年度税制改正

(1) 届出書の提出義務の創設

特例制度を受ける場合には，明細書の添付のほか，譲渡資産を譲渡した日又は買換資産を取得した日のいずれか早い日の属する3月期間の末日の翌日以後2月以内に納税地の所轄税務署長に届出書の提出が必要とされた。

なお，所得税法についても同様とされる。

(2) 3月期間の定義

上記(1)における「3月期間」とは，事業年度をその開始の日以後3月ごとに区分した各期間とされ，最後に3月未満の期間が生じた場合には，そ

の3月未満の期間とされる。そこで、同一の3月期間内に行われた複数の対象譲渡又は対象取得についての届出期限は、同一の日とされる。
(3) 届出書の記載事項

上記(1)における届出書には、次に掲げる事項を記載する。
① 特定の資産の買換えの場合等の課税の特例の適用を受ける旨
② 適用を受けようとする措置の別
③ 取得予定資産又は譲渡予定資産の種類等

なお、所得税法についても同様とされる。
(4) 適用除外

上記(1)に掲げる届出書の提出義務は、次に掲げる規定の適用を受ける場合は除かれる。
① 先行取得の場合（措法65の7③）
② 特定の資産の譲渡に伴い特別勘定を設けた場合の課税の特例（措法65の8①）
③ 特定の資産を交換した場合の課税の特例（措法65の9①）

なお、所得税法についても同様とされる。

3 適用関係

上記2の改正は、令和6年4月1日以後に譲渡資産の譲渡をして、同日以後に買換資産の取得をする場合の届出について適用される。

対 応

法人が、上記2(1)に掲げる届出書を提出した場合において、①届出をした日後に生じた事情によりその取得に関する計画の変更を余儀なくされたこと、②売主その他の関係者との交渉が成立せずその取得ができなかったこと、③その他①及び②に準ずる特別な事情が生じたこと、等により届出書に記載した取得見込資産の全部又は一部を取得することが困難となったときには、取得見込資産以外の資産を取得した場合でも、届出書に記載した買換資産に該当するものとして特例制度が適用できることとされるので、留意が必要である。

（宮森　俊樹）

参考条文・判決等
措法37①、65の7①⑤⑨、措令25③、39の7②③、措規18の5③⑥、22の7④、令和5年改正法附則32⑦、46③、令和5年改正措令附則4②、10②、令和5年改正措規附則1四、6②、措通65の7(1)-16

95 認定先端設備等に係る償却資産税の特例措置の創設

CASE

中小企業の業績は徐々に回復傾向にあるようですが，労働生産性は伸び悩んでおり，大企業との差も拡大しています。また，中小企業が所有している設備は老朽化が進んでおり，生産性向上に向けた足枷となっています。

そこで，平成30年度税制改正及び新型コロナ緊急経済対策税制では，地域の中小企業者等による設備投資の促進に向けて「生産性向上特別措置法」の規定により，市町村が主体的に作成した計画に基づき行われた設備投資に対して，償却資産税が軽減される特例措置（いわゆる認定先端設備等に係る償却資産税の特例措置，以下「本特例」といいます。）が創設されたそうですが，その内容について教えてください。

検 討

1 適用要件

中小企業者等が，生産性向上特別措置法の施行の日（平成30年6月6日）から令和7年3月31日までの期間（以下「適用期間」という。）内において，同法に規定する市町村の導入促進基本計画に適合し，かつ，労働生産性を年平均3％以上向上させるものとして認定を受けた認定先端設備等導入計画に従って取得された機械装置，工具（測定工具及び検査工具に限る。），器具備品，建物附属設備（家屋と一体となって効用を果たすものを除く。）及び構築物（以下「機械装置等」という。）に対して課される固定資産税の課税標準は，その機械装置等に対して新たに課されることとなった年度から3年度分の固定資産税に限り，その機械装置等に係る固定資産税の課税標準となるべき価格にゼロ以上2分の1以下の範囲内において市町村の条例で定める割合を乗じて得た額とされる。

2 用語の定義

(1) 先端設備等

「先端設備等」とは，商品の生産若しくは販売又は役務の提供の用に供する施設，設備，装置又はプログラムであって，次に掲げる要件を満たすもの（工業会等が証明書を発行）とされる。

① 販売が開始された時期に係る要件
　それぞれの指定設備の属する型式区分ごとに販売が開始された時期に係る要件に該当するものであること。
　　イ　機械装置：10年以内
　　ロ　工具：5年以内
　　ハ　器具備品：6年以内
　　ニ　建物附属設備：14年以内
　　ホ　構築物：14年以内
② 生産性向上要件
　旧モデル比で生産性（単位時間当たりの生産量，精度，エネルギー効率等）が年平均1％以上向上するものであること。
(2) **労働生産性**
　労働生産性＝（営業利益＋人件費＋減価償却費）／労働投入量(注)
　（注）　労働者数又は労働者数に一人当たり年間就業時間を乗じたものとされる。

3　先端設備等の取得価額要件
　前述した1の本特例の適用を受ける場合には，「一定の規模以上の先端設備等」を取得等して，国内にあるその法人の事業の用に供する必要がある。
　この場合における取得価額要件は，次に掲げるとおりとされる。
① 機械装置：1台又は1基の取得価額が160万円以上のもの
② 工具・器具及び備品：1台又は1基の取得価額が30万円以上のもの
③ 建物附属設備：一の取得価額が60万円以上のもの
④ 事業用家屋：取得価額の合計額が300円以上の先端設備等とともに導入されたもの
⑤ 構築物：1台又は1基の取得価額が120万円以上のもの

対　応

　本特例は，国の同意を受けた市区町村から先端設備等計画の認定を受ける必要があるが，その認定に際しては認定経営革新等支援機関による事前確認が義務付けられているので留意が必要である。

（宮森　俊樹）

参考条文・判決等
措法42の4⑧七，地令11，平成30年度地法附則15㊺，生産性向上特別法36①

96 税務関係書類における押印義務の見直し

CASE

　国民及び事業者等に対して押印義務を求めている行政手続について，恒久的な制度的対応として，規制改革推進会議が提示する基準に照らして順次，必要な検討を行い法令，告示及び通達等の改正を進める（規制改革実施計画：令和2年7月17日閣議決定）との方針が公表されました。

　令和3年度税制改正では，これら行政手続の方針を踏まえ，税務関係書類における押印義務の見直しが行われたそうですが，その基本的考え方と改正内容及び実務上の留意点について教えてください。

検　討

1　基本的考え方

　各省庁では，「行政手続における書面主義，押印原則，対面主義の見直しについて（令和2年5月22日）」及び「第203回国会参議院予算委員会：規制改革・行政改革担当大臣発言（令和2年11月5日）」を踏まえて，次の①～④に掲げる基準に該当する場合には押印が廃止された。

① 法令の条文，省令・告示の様式のいずれにも押印を求める根拠がないもの。

② 省令・告示の様式のみに押印欄がある手続でも，登記印・登録印を求めているなど特段の事情がないもの。

③ 法令の条文で押印を求めている手続及び省令・告示の様式のみに押印欄がある手続で押印の種類，行政手続の内容・目的・趣旨に照らして，合理的な理由があって登記印・登録印を求めているものでも，押印が求められている趣旨に照らして押印を求める合理的理由が認められないもの。

④ 法令等の条文で押印を求めている手続で，押印が求められている趣旨に照らして押印を求める合理的理由が認められる場合においても，他の手段により押印が求められる趣旨を代替可能なもの。

2　税務関係書類の押印義務の見直し

(1) 原則

納税者等の押印をしなければならないこととされている国税関係書類及び地方税関係書類について，原則として，押印義務が廃止された。
(2) 例外
　実印による押印・印鑑証明書の添付をしなければならないこととされている国税関係書類及び地方税関係書類について，例外として，押印・印鑑証明書の添付が必要とされた。
　なお，具体的な税務関係書類の押印義務の要否は，図表に掲げるとおりとされた。
3　適用関係
　上記2の改正は，令和3年4月1日以後に提出する国税関係書類及び地方税関係書類について適用される。

対　応

　国民及び事業者等に対して押印義務が求められている全14,992の行政手続（添付書類で押印を求めるものを含む。）のうち，法令等に根拠のあるものが8,962手続（59.8％），根拠のないものが6,030手続（40.2％）とされていた。
　今回の見直しでは，これら手続のうち，14,909手続（99.4％）が押印廃止の決定又は廃止に向けた検討が行なわれることが決定され，存続する83手続が印鑑証明が必要なもの又は登記印・登録印とされた。
　なお，税理士等が行なう税務関係書類の押印義務も廃止されたが，署名義務は存続するので留意が必要である。　　　　　　　　（宮森　俊樹）

図表：税務関係書類の押印義務の要否

税務関係書類の分類	押印の要否
全般（具体例：確定申告書，給与所得者の扶養控除等申告書等）	不要
担保提供関係書類（具体例：不動産抵当権設定登記承諾書等）	要
物納手続関係書類（具体例：第三者による納税保証書等）	要
遺産分割協議書（具体例：相続税・贈与税の特例における添付書類等）	要

(注)　国税及び地方税犯則調査手続における質問調書・捜索調書等への押印について，刑事訴訟手続に準じた取扱い（押印義務を存置）とされた。

参考条文・判決等
通則法81③，91①，124①②，税理士法33①～④，33の2③，令和3年改正法附則1

97 横領の税務処理

CASE

当社は，税務調査により従業員の横領が発覚しました。このような場合はその法人に対する損害の発生と同時に損害賠償請求権が発生するそうですが，その損害の発生及び損害賠償請求権の計上時期及び具体的な会計処理と税務上注意すべき点について役員が横領をした場合についても併せて教えてください。

検 討

1 横領による損失と損害賠償請求権の認識

役員等により横領が横領後の事業年度に判明した場合の一般的処理は次の①及び②による。

① 当初の会計処理
  (借) 外注費　　　　　　　　　110　　(貸) 現金　　　　110
② 税務上の処理
  (借) 横領損失　　　　　　　　110　　(貸) 外注費　　　110
  (借) 未収入金 (損害賠償請求権) 110　　(貸) 雑収入　　　110

2 損害賠償請求権の計上時期

法人の役員等による不法行為による損失とこれに係る損害賠償請求権の計上時期は原則として下記①の時期となる。

① その法人の役員等による横領による損失は，通常，損害賠償請求権はその時において権利が「確定」しているので，被害発生事業年度において，その損失の額を損金の額に算入し，損害賠償請求権を益金の額に算入する。
② 相手方がその法人の役員等でも，権利の帰属を巡る損害賠償請求権，私法上の権利の取得の時点で，その権利が「確定」していない場合は，それが確定した時点で損害賠償請求権を益金の額に算入する。

役員等の横領の場合の時期は2①によることが多いので，その事実が発生した事業年度の修正申告書を作成する。

3 損害賠償請求権の貸倒損失

法人の有する金銭債権につき，その債務者の資産状況，支払能力等から見てその全額が回収できないことが明らかになった場合には，その明らか

になった事業年度において，貸倒れとして損金経理することができる。

なお，横領した事業年度に資力を喪失していることを証明するのが困難である場合には横領後の事業年度に貸倒処理される。

4　役員の横領の場合

役員の場合は，役員給与と認定された場合，損金不算入となる。

また，給与に係る源泉税や不納付加算税が課税される。

5　過少申告加算税・重加算税

① 過少申告加算税

原則として10%（期限内申告税額と50万円のいずれか多い金額を超える部分に対しては15%）の過少申告加算税が課される。

② 重加算税

過少申告加算税に代えて35%（5年以内に無申告加算税又は重加算税が課せられた事がある場合には，45%）の重加算税が課される。

③ 過少申告加算税・重加算税が課されない場合

　イ　調査通知前に修正申告をする場合

　ロ　更正があるべきことを予知してされたものでない修正申告の場合には過少申告加算税は5％軽減される。

6　その他

① 青色申告の取消し

帳簿書類に取引の全部又は一部を隠蔽等をしその真実性を疑うに足る相当の理由があるなどの場合には，税務署長はその事業年度に遡って青色申告を取り消すことができる。

② 更正の期間の制限

原則として更正に係る法定申告期限は5年（純損失がある場合は10年）とされ，偽りその他不正の行為の場合には，7年とされる。

対　応

役員・従業員による横領等の不正行為が起こらないように普段から内部牽制を徹底し法人のコンプライアンスを高める必要がある。

（徳丸　親一）

参考条文・判決等

法基通2－1－43，9－6－2，法法34，127①一，通則法65，68，70

98 税務調査での重加算税

CASE

飲食店を営むクライアントに税務調査があり，30万円の販売奨励金の雑収入の計上漏れが発覚しました。税務調査官は，「売上げ等の脱ろうに当たるので，重加算税の対象となります。」と納税者に伝えて来ました。

最近，ウィズコロナ禍での社会経済活動の再開とともに税務調査も徐々に増えており，重加算税が課されたとの話を耳にします。

そこで，重加算税（過少申告加算税に代えて課されるものに限ります。）の概要とその実務上の留意点について教えてください。

検 討

1 重加算税の概要

申告納税方式による国税等においては，納税者が自発的に申告・納税することとされており，適正な申告・納税を確保するために加算税制度が設けられている。

「過少申告加算税」の規定の課税要件に該当する場合において，納税者がその国税の課税標準等又は税額等の計算の基礎となるべき事実の全部又は一部を隠蔽し又は仮装し，その隠蔽し又は仮装したところに基づき納税申告書を提出していたときは，その修正申告書の提出が自発的なものである場合を除き，納税者に対し，過少申告加算税の額の計算の基礎となるべき税額に係る過少申告加算税に代え，その基礎となるべき税額に35％相当額の重加算税が課される。

2 過少申告加算税の課税要件

期限内申告書（還付請求申告書を含む。）が提出された場合において，修正申告書の提出又は更正があったときには，その納税者に対し，その修正申告又は更正に基づき「期限後申告等による納付」の規定により納付すべき税額に係る10％相当額（修正申告書の提出が，その申告に係る国税についての調査があったことによりその国税について更正があるべきことを予知してされたものでないときは，5％相当額）の過少申告加算税が課される。

3 法令等における隠蔽又は仮装の定義

上記1に掲げる重加算税の課税要件である事実の隠蔽又は仮装の定義は，法令上明確にされていない。

ただし，「法人税の重加算税の取扱い」の賦課基準では，①いわゆる二重帳簿を作成していること，②帳簿書類の隠匿・虚偽記載等があること，③簿外資産に係る利息収入・賃貸料収入等の果実を計上していないこと等の不正事実の隠蔽又は仮装の例示が示されている。

4 意図・特段の行為に着目した判示

隠匿又は仮装における多数の裁判のうち，「課税庁が重加算税を課するためには，納税者のした過少申告行為そのものが隠ぺい，仮装に当たるというだけでは足りず，過少申告行為そのものとは別に，隠ぺい，仮装と評価すべき行為が存在し，これに合わせた過少申告がされたことを要するものである。しかし，重加算税制度の趣旨にかんがみれば，架空名義の利用や資料の隠匿等の積極的な行為が存在したことまで必要であると解するのは相当でなく，納税者が，当初から所得を過少に申告することを意図し，その意図を外部からもうかがい得る特段の行動をした上，その意図に基づく過少申告をしたような場合には，重加算税の賦課要件が満たされるものと解すべきである。」との重要な判示がある。

対 応

本CASEにおける納税者は，後日販売奨励金30万円を会社に入金していたが，仮払金の精算としての経理処理が行われていた。調査官は，少額だし重加算税を納税する必要はないが重加算税の対象とするとの主張であったが，前述した4の判示を例に挙げながら「納税者の意図を外部からもうかがい得る特段の行動」が納税者に無かった旨を顧問税理士が説明するとその主張を撤回してくれた。

なお，重加算税の対象となると「青色申告の承認の取消し」及び「10年以下の懲役若しくは1,000万円以下罰金に処され又はこれを併科」される可能性も生じるので留意が必要である。

（宮森　俊樹）

参考条文・判決等

通則法35②，65①，68①，法法127，159，163，事務運営指針・課法2－8他：令和4年6月30日改正，最二小判平成7年4月28日

99 無申告加算税制度の見直し

CASE

近年，経済取引の多様化等に伴い，スマホを使った先物取引又は暗号資産の売買取引で高額の所得を得ていたにもかかわらず無申告となっているケース又は申告義務・納付すべき税額がありながら連年にわたって無申告を続けているケースが発生し，これらのケースにおいて仮装・隠蔽の積極的な行為を伴わないとの理由から重加算税の対象とはされず，税に対する公平感が大きく損なわれているとして問題視されていました。

令和5年度税制改正では，これら問題点を解決するため，高額な無申告や連年にわたる無申告に対する加算税制度の見直しが行われました。

そこで，見直された加算税の概要とその実務上の留意点について教えてください。

検 討

1 高額な無申告に対する無申告加算税の割合の引上げ

(1) 原則

社会通念に照らして申告義務を認識していなかったとは言い難い規模の高額な無申告について，無申告加算税の割合（改正前：15％（納付すべき税額が50万円を超える部分は20％））について，納付すべき税額が300万円を超える部分に対する割合が30％に引き上げられた。

(2) 例外

調査通知以後に，かつ，その調査があることにより更正又は決定があるべきことを予知（以下「更正予知」という。）する前にされた期限後申告又は修正申告に基づく無申告加算税の割合（改正前：10％（納付すべき税額が50万円を超える部分は15％））について，上記1に掲げる納付すべき税額が300万円を超える部分に対する割合が25％と軽減された。

(3) 適用除外

上記1及び2の加算税の引上げは，次に掲げる高額な無申告を発生させたことについて納税者の責めに帰すべき事由がない場合には適用しないこととされている。

① 相続税事案で，本人に帰責性がない場合
（例）　相続人自身又はその税理士等が相続財産の全容を把握するために必要な調査を行ったにもかかわらず，他の相続人において相続財産が事後的に発覚した場合など
② 税務職員の誤指導により，誤った税額を認識したうえで，結果的に高額の無申告者に該当した場合など

2　一定期間繰り返し行われる無申告行為に対する加重措置の整備

　期限後申告若しくは修正申告（調査通知前に，かつ，更正予知する前にされたものを除く。）又は更正若しくは決定（以下「期限後申告等」という。）があった場合において，その期限後申告等に係る国税の前年度及び前々年度のその国税の属する税目について，無申告加算税若しくは無申告加算税に代えて課される重加算税（以下「無申告加算税等」という。）を課されたことがあるとき又はその無申告加算税等に係る賦課決定をすべきと認めるときには，その期限後申告等に基づき課する無申告加算税又は無申告重加算税の割合が10％加重される。

3　適用関係

　上記1及び2の改正は，令和6年1月1日以後に法定申告期限が到来する国税について適用され，同日前に法定申告期限が到来した国税については，なお従前の例による。

対　応

　高額な無申告や連年にわたる無申告に対する加算税制度の見直しは，所得税については令和5年分から適用され，法人税については10月決算法人の場合には令和5年10月決算期分（申告期限：令和6年1月4日）から適用される。

　なお，上記2の改正については，同日前に法定申告期限が到来した国税に係る無申告加算税等は，特定無申告加算税等とみなされる。例えば，令和3年分及び令和4年分の所得税（いずれも法定申告期限は令和6年1月1日前）に係る無申告加算税又は重加算税を課される場合については，令和5年分の所得税に係る無申告加算税又は重加算税についても10％加重対象とされるので留意が必要である。

（宮森　俊樹）

参考条文・判決等
通則法66③，66⑥一・二，68④，令和5年改正法附則23③

100 マンスリーマンションと消費税

CASE

当社は，長期出張の際にマンスリーマンションを利用しています。利用料に消費税がかからないとのことですが，どのような理由により非課税になるのでしょうか。

検討

1 マンスリーマンションとは

最近，従業員の転勤や長期出張等にマンスリーマンションを利用するケースがある。契約の期間が月単位であることが，従来からあるウィークリーマンションとの最大の違いである。

ウィークリーマンションは，もともとビジネスホテルであったものを賃貸住宅に近い形に進化させたもので，基本的には旅館業法の適用を受ける。一方，マンスリーマンションは，もともと一般の賃貸住宅であったものを，定期借家権の制度を使って，ホテルライクに進化させたものであり，不動産業者が運営主体となっているケースが多い。

マンスリーマンションの広告をみると，賃料に消費税がかからないことが売りの一つになっている。これは，マンスリーマンションの賃料は消費税が非課税になる「住宅の貸付けの対価」に該当するということであるが，この点について確認したい。

2 住宅の貸付けの範囲

住宅の貸付けとして消費税が非課税になるためには，次の要件を全て満たす必要がある。

① 貸付けに係る契約において人の居住の用に供することが明らかであること
② 貸付期間が1月以上であること
③ 旅館業法2条1項に規定する旅館業に係る施設の貸付けでないこと

マンスリーマンションは，通常居住用としての契約であり，また，最低契約期間が1か月以上なので①と②の要件はクリアする。問題は③の要件で，マンスリーマンションが旅館業法2条1項に規定する旅館業に係る施設の貸付けに該当するか否かということになる。

3　旅館業とは

旅館業法2条1項に規定する旅館業とは「宿泊料を受けて人を宿泊させる営業」で、①ホテル営業（ホテル，モーテル，ウィークリーマンション等），②旅館営業（温泉旅館，民宿等），③簡易宿所営業（山小屋，カプセルホテル等），④下宿営業（1月以上の期間を単位として宿泊させる営業で，いわゆる学生下宿は除く。）の4種に分類される。

旅館業法の「人を宿泊させる営業」とアパート等の「貸室業」との違いは次の点にある。

① 施設の管理・経営形態を相対的にみて，宿泊者のいる部屋を含め施設の衛生上の維持管理責任が営業者にあること
② 宿泊者がその宿泊する部屋に生活の本拠を有しないことを原則として営業していること

この点，ウィークリーマンションは旧厚生省の昭和63年1月29日通知により，通常の場合は旅館業法の適用を受ける旨の見解が明らかにされている。これに対し，マンスリーマンションは月単位での契約であり，入居者の居住期間が長く，部屋の掃除等も居住者が行うことが一般的であり，衛生管理の基本的責任は入居者にあるため，旅館業法の適用対象にならないと解されている。したがって，消費税法の非課税規定に該当する。

対　応

マンスリーマンションは，定期借家権の制度ができたことにより登場した。一般のアパート・マンション賃貸のように賃借人の立退きの問題がなく，また，上述のとおり，旅館業法の面倒な規制を受けることもない。不動産運用の手段としても一考の価値はあるのではないだろうか。

（中川　祐一）

参考条文・判決等
消法別表第2十三，消令16の2，旧厚生省・昭61.3.31通知

101 住宅貸付けと消費税

CASE

当社は，主に賃貸アパートを経営する法人ですが，このたび昨今のインバウンド需要の取り込みを考えて郊外に中古アパートを購入し，民泊事業を始めたいと考えています。

居住用賃貸建物の仕入税額控除不適用制度が創設されたと聞いていますが，本アパートの購入代金は，仕入税額控除の対象となるでしょうか。また，当社が住宅賃貸事業をするうえで，注意すべき消費税の取扱いについて教えてください。

検 討

令和2年度税制改正において居住用賃貸建物の仕入税額控除不適用制度（以下「本特例」という。）が創設された。本特例は，令和2年10月1日以降において行う居住用賃貸建物に係る課税仕入れについて適用される。また，調整期間（第三年度の課税期間）末日において当該資産を有しており，かつ当該資産を課税賃貸用に供したときは，調整期間の仕入税額控除に課税賃貸割合に基づく一定額を加算することとされている。令和4年10月決算法人から調整期間末日を迎えることから，ここで改めて住宅貸付けの留意点についてまとめてみたい。

1 住宅の貸付けとは

住宅の貸付けとは，人の居住の用に供する家屋または家賃のうち居住の用に供する部分の貸付けをいい，(1)住宅の貸付けに係る期間が1月に満たない場合又は(2)旅館業に係る施設に該当するものの利用はこれに含まれずその対価は課税対象となる。施設の貸付けには，旅館・ホテル営業・ウィークリーマンション・下宿業等が該当する。マンスリーマンションは一般的にその貸付期間が1月以上に及び借地借家法に基づく賃貸借契約のため住宅貸付けに該当する。

2 住宅民泊事業

住宅民泊事業に供する建物は居住用建物を利用して民泊事業を行うものであって，住宅貸付けの用に供しないことが明らかな建物であると言えず，居住用賃貸建物に該当し本特例の適用対象となる建物にあたる。ただし，

民泊事業は旅館業法若しくは住宅民泊事業法に該当する事業で，非課税の住宅貸付けから除外されることから，課税賃貸用に供する場合に該当し，第三年度まで保有している場合には課税賃貸割合に基づく税額調整が必要とされる。

3　社宅に係る仕入税額控除

社宅や従業員寮は住宅に該当する。したがって，その建物を取得あるいは他の者に転貸するために借り受ける場合の家賃及びこれを転貸した場合の家賃は，いずれも非課税となる住宅家賃に該当する。ただし，社員から使用料を徴収せず無償で貸付けることが，その取得等の時点で客観的に明らかになった場合は，居住用賃貸建物に該当しないこととなるため，これらの支払対価は仕入税額控除の対象となる。なお，この場合の個別対応方式による課税仕入等の区分は，原則として課税資産の譲渡等とその他の資産の譲渡等に共通して要するものに該当する。

4　集合住宅に係る水道光熱費・駐車場料金

アパートやマンションの家賃を請求する際に賃料とは別に電気・ガス・水道料等の使用料として請求した場合の水道光熱費については，いずれも課税対象売上となる。また，駐車場使用料については車両所有の有無にかかわらず1戸につき1台以上の駐車場が付属している場合については非課税売上，それ以外の場合には課税売上となる。なお，賃貸借契約において賃料とは別の名目で駐車場使用料を収受する場合には，いずれの場合においても課税売上となる。

対　応

税抜経理方式を適用している事業者が，消費税申告にあたり本特例の適用を受けて仕入税額控除を行う場合，控除することのできない仮払消費税の額は控除対象外消費税に該当する。この場合において，本制度の調整計算が行われた場合には調整計算事業年度における控除対象仕入税額が増加するため，仮受消費税等の金額から仮払消費税等の金額を控除した金額と納付すべき消費税の額に差額が生ずることとなるが，その差額については調整年度の益金となるので留意が必要である。　　　　　（田中　宏志）

参考条文・判決等
消法30②，消法35の2①，消令16の2，消基通6－13－3，6－13－4，11－7－1

102 インボイス制度の留意点

CASE

令和5年10月1日から「適格請求書発行事業者」から交付を受けた適格請求書,適格簡易請求書又は適格返還請求書(以下単に「インボイス等」といいます。)の保存が仕入税額控除の要件とされる適格請求書等保存方式(いわゆる「インボイス制度」)が導入されますが,その制度の概要と実務上の留意点について教えてください。

検 討

1 インボイス制度の登録

　インボイス発行事業者(免税事業者以外の事業者であって,納税地を所轄する税務署長に登録申請書を提出し,適格請求書等を交付することのできる事業者として登録を受けた事業者)の登録は,令和3年10月1日からその申請が受け付けられている。

　また,インボイス発行事業者の氏名又は名称,本店又は主たる事務所の所在地,登録番号(法人については「T+法人番号」,個人事業者については「T+13桁の数字」とされる。)及び登録年月日については,「国税庁適格請求書発行事業者公表サイト」を通じて登録後速やかに公表される。インボイス発行事業者が,登録を取り消された場合又は効力を失った場合,その年月日が速やかに公表される。

　なお,インボイス発行事業者の登録を受けた日の属する課税期間の翌課税期間以後の課税期間については,インボイス発行事業者の登録の取消しを求める届出書の提出が行われない限り,その基準期間の課税売上高が1,000万円以下となった場合でも免税事業者とならないので留意が必要である。

2 インボイス等の交付・保存義務

　インボイス発行事業者は,国内において課税資産の譲渡等を行った場合,他の事業者(免税事業者を除く。)からインボイス等の交付を求められたときは,その交付をしなければならない。ただし,その交付に代えて,電磁的記録を提供することも可能とされている。

　また,インボイス発行事業者には,交付したインボイスの写し及び提供

したインボイス等に係る電磁的記録の保存義務がある。このインボイス等の写し及び電磁的記録については，交付した日又は提供した日の属する課税期間の末日の翌日から2月を経過した日から7年間，納税地又はその取引に係る事務所等の所在地に保存義務がある。なお，仕入税額控除の要件として保存すべき請求書等についても，同様とされる。

3 インボイス等の交付義務が免除されるもの

インボイス発行事業者が行う事業の性質上，次の①～④に掲げる課税資産の譲渡等については，インボイス等の交付義務が免除される。

① 公共交通機関である船舶，バス又は鉄道による旅客の運送として行われるもの（税込価額3万円未満のものに限る。）
② 媒介又は取次ぎに係る業務を行う者（卸売市場，農業協同組合又は漁業協同組合等）が委託を受けて行う農水産品の譲渡等
③ 自動販売機により行われるもの（税込価額3万円未満のものに限る。）
④ 郵便切手を対価とする郵便サービス（郵便ポストに差し出されたものに限る。）

対 応

インボイス等とは，インボイス発行事業者の登録番号，適用税率，消費税額等の一定の事項が記載された請求書，納品書，領収書及びレシート等とされており，その様式は法令等で定められていない。

また，公共交通機関による旅客の運送，入場券など証拠資料が回収される場合及び自動販売機から購入する場合（上記3①③④に掲げる取引）及び従業員等に支給する通常必要と認められる出張旅費，宿泊費，日当及び通勤手当等，インボイス等の交付を受けることが困難な場合は，その課税仕入れを行った事業者においてインボイス等の保存を要せず，「帳簿のみの保存により仕入税額控除を受ける旨」を帳簿の摘要欄に記載することとされる。具体的な帳簿への記載方法は，「3万円未満の鉄道料金」及び「入場料等」及び「3万円未満の自動販売機」及び「出張旅費等」などとされる。　　（宮森　俊樹）

参考条文・判決等
消法2①七の二，9①，57の2①④⑩⑪，消法57の4①～③⑤⑥，消令49①，50①，70の5①，70の9②，70の13①，消規15の4，26の6，平成28年改正法附則1八，インボイスQ&A問18，問19，問25，問41，問109，消基通1-7-2，1-8-1

103 インボイス制度開始後初めての確定申告期に向けた対応等

CASE

令和6年度税制改正では，令和5年10月1日からのインボイス制度開始後初めての確定申告期に向けて，事業者において新たな事務負担が生じていることに配慮し，納税者や税理士が円滑に申告手続を行えるようするため，消費税に係る帳簿の記載事項の見直し及び簡易課税適用者等における経理処理方法が明確化されています。

そこで，明確化された制度の概要とその実務上の留意点について教えてください。

検 討

1 消費税に係る帳簿の記載事項の見直し

(1) 制度の概要

インボイス等保存方式においては，事業者がその課税期間の課税仕入れ等の税額の控除に係る帳簿及びインボイス等（インボイス等の交付を受けることが困難である場合には，帳簿）の保存が仕入税額控除の要件とされている。

このうち，3万円未満の公共交通機関による旅客の運送など，インボイス等の交付を受けることが困難である課税仕入れについては，その課税仕入れを行った事業者においてインボイス等の保存を要せず，帳簿のみの保存により仕入税額控除ができる。

(2) 令和6年度税制改正

帳簿の保存のみで仕入税額控除の適用が認められる自動販売機及び自動サービス機による課税仕入れ並びに使用の際に証票が回収される課税仕入れ（3万円未満の少額のものに限る。）については，帳簿への住所又は所在地の記載が不要とされた。

〔帳簿の摘要欄への記載例〕

① インボイスの交付義務が免除される3万円未満の自動販売機
【改正前】○○市自動販売機
【改正後】自動販売機

② 自動サービス機からの商品の購入等
【改正前】××銀行○○支店ＡＴＭ
【改正後】ＡＴＭ

(3) 適用関係

上記(2)の改正の趣旨を踏まえ，令和5年10月1日以後に行われる課税仕入れに係る帳簿への住所等の記載については，運用上，記載がなくとも改めて求めないものとされた。

2　経理処理方法の明確化

(1) 制度の概要

税抜経理方式を採用する簡易課税適用者又はインボイス発行事業者となる小規模事業者に係る税額控除に関する経過措置（いわゆる2割特例制度）の適用を受ける者のインボイス発行事業者以外からの仕入れについては，原則として仮払消費税等の仕訳は発生しない。

(2) 令和6年度税制改正

仕入れ先が免税事業者か否かにかかわらず，継続適用を条件として，税抜経理方式を適用した場合の仮払消費税等の仕訳を計上することが認められた（仕入れ先がインボイス発行事業者か否かを把握する必要なし）。

〔仕訳例〕　免税事業者から220万円の車両を仕入れた場合

【改正前】	（借）	車輌運搬具	2,200,000	（貸）	現金預金	2,200,000
【改正後】	（借）	車輌運搬具	2,000,000	（貸）	現金預金	2,200,000
		仮払消費税等	200,000			
	（借）	車輌運搬具	40,000	（貸）	仮払消費税等	40,000

※免税事業者からの課税仕入れ　80％（仕入税額控除）

(3) 適用関係

上記(2)の改正は，令和5年10月1日以後に行われる消費税に係る経理処理方法から適用される。

対　応

基準期間（前々年）課税売上高が1億円以下又は特定期間における課税売上高が5,000万円以下の事業者が行う課税仕入れに係る支払対価の額が1万円未満の取引については，インボイス制度の施行から6年間（令和5年10月1日から令和11年9月30日），帳簿のみの保存によりその全額が仕入税額控除の対象とされるので留意が必要となる。　　　　　　　　　（宮森　俊樹）

参考条文・判決等

法令139の4⑤⑥，法規28②，消令24の2，消費税経理処理通達1－2，消費税経理通達Q＆A：令和5年12月改訂，平成28年改正法附則53の2

104 免税事業者等からの仕入れに係る経過措置

CASE

令和5年10月1日からインボイス制度の導入により，インボイス発行事業者以外の者（消費者，免税事業者又は登録を受けていない課税事業者，以下「免税事業者等」といいます。）からの課税仕入れについては，原則として仕入税額控除できなくなります。

ただし，令和5年10月1日から令和11年9月30日までの期間は，免税事業者等からの課税仕入れであっても仕入税額控除が認められる経過措置（以下単に「経過措置」といいます。）が導入されますが，この経過措置の概要と実務上の留意点について教えてください。

検 討

1 経過措置の概要

(1) 令和8年9月30日までの経過措置

　事業者（免税事業者を除く。以下同じ。）が令和5年10月1日から令和8年9月30日までの間に国内において免税事業者等から行った課税仕入れについて一定の事項が記載された帳簿及び請求書等を保存している場合には，その課税仕入れに係る支払対価の額に係る消費税相当額に80％を乗じて算出した額が課税仕入れに係る消費税額の対象とされる。

(2) 令和11年9月30日までの経過措置

　事業者が令和8年10月1日から令和11年9月30日までの間に国内において免税事業者等から行った課税仕入れについて一定の事項が記載された帳簿及び請求書等を保存している場合には，その課税仕入れに係る支払対価の額に係る消費税相当額に50％を乗じて算出した額が課税仕入れに係る消費税額の対象とされる。

2 用語の定義

(1) 一定の事項が記載された帳簿

　区分記載請求書等保存方式の記載事項に加え，この経過措置の適用を受ける課税仕入れである旨の記載が必要とされる。なお，具体的な記載事項は，次に掲げるとおりとされる。

① 課税仕入れの相手方の氏名又は名称

② 課税仕入れを行った年月日
③ 課税仕入れに係る資産又は役務の内容（課税仕入れが他の者から受けた軽減対象資産の譲渡等に係るものである場合には、資産の内容及び軽減対象資産の譲渡等に係るものである旨）及び経過措置の適用を受ける課税仕入れである旨
④ 課税仕入れに係る支払対価の額

(2) **一定の事項が記載された請求書等**

　区分記載請求書等保存方式の記載事項（電磁的記録を含む。）に加え、この経過措置の適用を受ける課税仕入れである旨の記載が必要とされる。

　なお、具体的な記載事項は、次に掲げるとおりとされる。

① 書類の作成者の氏名又は名称
② 課税資産の譲渡等を行った年月日
③ 課税資産の譲渡等に係る資産又は役務の内容（課税仕入れが他の者から受けた軽減対象資産の譲渡等に係るものである場合には、資産の内容及び軽減対象資産の譲渡等に係るものである旨）(注)
④ 税率ごとに合計した課税資産の譲渡等の税込価額(注)
⑤ 書類の交付を受ける事業者の氏名又は名称

　（注）インボイス発行事業者以外の者から受領した請求書等の内容について、上記③かっこ書きの「資産の内容及び軽減対象資産の譲渡等である旨」及び上記④の「税率ごとに合計した課税資産の譲渡等の税込価額」の記載がない場合に限り、受領者が自ら請求書等に追記して保存することが認められる。

対　応

　経過措置の適用を受ける場合には、帳簿の摘要欄に「経過措置の適用を受ける課税仕入れである旨」の記載が必要とされる。具体的な帳簿への記載は、①個々の取引ごとに「80％控除対象」又は「免税事業者からの仕入れ」と記載する方法、②経過措置の適用対象となる取引に、「※」や「☆」といった記号・番号等を表示し、かつ、これらの記号・番号等が「経過措置の適用を受ける課税仕入れである旨」を別途「※（☆）は80％控除対象」と表示する方法等とされる。

（宮森　俊樹）

参考条文・判決等
平成28年改正法附則52①、インボイスQ&A問110

105 適格請求書発行事業者の登録等に関する免税事業者への経過措置の延長等

CASE

免税事業者が適格請求書発行事業者への登録をする場合の取扱いと，その登録にあたって課税事業者選択届出書や簡易課税制度選択届出書の提出などの取扱いについても教えてください。

検討

免税事業者が適格請求書発行事業者へ登録する場合，課税期間の中途でも登録希望日から課税事業者になることができる経過措置が設けられている。

取扱い及び留意点

(1) 令和5年改正による経過措置

令和5年10月1日から令和11年9月30日までの日の属する課税期間において登録を受ける場合には，登録希望日から適格請求書発行事業者となる。

(2) 登録申請書，登録取消届出書の提出期限

① 登録申請書の提出期限

令和5年10月1日以後から登録を受ける場合には，登録申請書に提出する日から15日を経過する日以後の日を登録希望日として提出する。

② 登録取消届出書の提出期限

登録をやめようとする課税期間の初日から起算して15日前の日までに提出する。その届出書を15日前の日を過ぎて提出した場合には，翌々課税期間からその効力が失われることとなるためその提出期限には注意が必要である。

(3) 課税事業者選択届出書の提出

① 原則：免税事業者が適格請求書発行事業者に登録する場合には，原則的には，課税事業者選択届出書を提出して課税事業者になる必要がある。

② 特例：登録希望日が登録に係る経過措置の適用を受ける課税期間中である場合には，課税事業者選択届出書の提出は要しない。つまり，適格請求書発行事業者への登録は，登録申請書の提出のみで完了する。

(4) 課税事業者選択不適用届出書の提出

適格請求書発行事業者の登録をやめ免税事業者へ戻ろうとする場合には，登録取消届出書と課税事業者選択不適用届出書の提出が必要になることが

ある。各種届出書の提出状況についても事前に確認をしておく必要がある。
(5) 経過措置における留意点
　令和5年10月1日の属する課税期間以外に登録を受けた場合には，登録日の属する課税期間の翌課税期間から登録開始日以後2年を経過する日の属する課税期間までの各課税期間については，納税義務が免除されない。また，令和5年10月1日の属する課税期間に登録を受けた場合においては，上記のような課税事業者としての2年縛りの取扱いはない。
(6) 簡易課税制度選択届出書の提出に係る特例
　登録に係る経過措置の適用を受ける免税事業者が，登録日の属する課税期間中に簡易課税制度選択届出書を提出した場合には，その課税期間から簡易課税制度が適用できる。登録に係る経過措置の適用期間後において簡易課税制度を選択しようとする場合には，原則どおり適用を受けようとする課税期間の前課税期間中に提出しなければならない。
(7) 簡易課税制度選択届出書の取下げ
　登録開始日を含む課税期間中に提出された簡易課税制度選択届出書は，その提出された登録開始日を含む課税期間中であれば取下げができる。

対　応

　免税事業者は，登録日から適格請求書発行事業者となることができる経過措置期間が設けられているが，令和5年10月1日の属する課税期間とそれ以外の課税期間での登録では，課税事業者への拘束期間に相違が生じる。登録のタイミング，選択届出書の提出状況，納税負担や事業計画なども考慮して検討していくことが必要である。

（浦口　弘）

参考条文・判決等
消法57の2②，57の2⑩一，消令70の2，70の5，28年改正法附則44④，28年改正法附則51の2⑤，30年改正令附則15②，30年改正令附則18，インボイス通達5-1，インボイス制度の負担軽減措置のよくある質問とその回答（財務省・令和5年3月31日時点）

106 免税事業者が適格請求書発行事業者の登録をする際の再確認

CASE

免税事業者が適格請求書発行事業者に登録する場合の税負担について検討、留意すべきことはどのようなことでしょうか。

検 討

1 棚卸資産の調整

免税事業者が適格請求書発行事業者への登録により課税事業者（2割特例・簡易課税制度の適用を受ける事業者を除く。）となった場合で、その登録開始日の前日において免税事業者であった期間中の課税仕入れ等で棚卸資産に該当するものを有しているときは、その棚卸資産に係る消費税額について課税事業者となった課税期間の課税仕入れ等に係る消費税額とみなして仕入税額控除の適用をすることができる。

2 2割特例

(1) 適用期間

令和5年10月1日から令和8年9月30日までの日の属する課税期間において適用することができる。

(2) 適用対象者

免税事業者（課税事業者選択届出書の提出により課税事業者となる免税事業者を含む。）が適格請求書発行事業者の登録を受けることにより納税義務者となる課税事業者である。

(3) 計算方法

課税標準額に対する消費税額から売上げに係る対価の返還等の金額に係る消費税額の合計額を控除した残額に80％を乗じた額（特別控除額）を控除して納付税額を計算する。

(4) 適用方法

2割特例の適用にあたっては、届出書の事前提出は不要となっており申告書への記載のみで適用することができるため、申告時に他の計算方法と選択することが可能である。

3 2割特例と原則計算

2割特例による申告の場合には、売上消費税の2割相当額の納付となるため還付を受けることはできない。

一方，原則計算においては，上記1の棚卸資産の調整等を適用したうえで申告計算され，還付となればその還付を受けることも可能である。

4　2割特例と簡易課税

2割特例及び簡易課税制度の適用による消費税申告においては，還付を受けることはできない。

2割特例又は簡易課税の選択では，特別控除額（80％）よりも高くなるみなし仕入率が適用できるかどうかによって選択が変わる。

簡易課税制度は，原則的には事前に簡易課税制度選択届出書の提出が必要である。

免税事業者が適格請求書発行事業者の登録申請をした場合には，登録日から課税事業者となる経過措置が設けられており，この経過措置の適用を受ける事業者であれば，登録日の属する課税期間中に簡易課税制度選択届出書を提出し簡易課税制度を適用することもできる。

5　2割特例適用後の簡易課税制度の選択

2割特例を適用した事業者が，その適用した課税期間の翌課税期間中にその課税期間から簡易課税制度の適用を受けたい旨の簡易課税制度選択届出書を提出した場合には，その課税期間から簡易課税制度が適用できる措置が設けられている。

6　2割特例の不適用課税期間

2割特例は，免税事業者が適格請求書発行事業者への登録により課税事業者となる場合等に適用することができる。納税義務判定等により事業者免税点制度が制限される課税期間については，2割特例の適用はできないこととなる。

対　応

2割特例の適用対象事業者は，適用期間内において納税額の負担軽減が図られており納税計画の検討もしやすい。しかし，原則課税か簡易課税の検討，選択が必要なため，月次処理なども管理していく必要が生じるであろう。

棚卸資産の調整や資産購入など事業計画から税額控除方式の検討も十分に考慮しなければならない。登録による免税から課税への転換点においては，その事前の検討，事業の進捗状況などを慎重に分析することも必要である。

（浦口　弘）

参考文献・判決等
消法30，36，37，45，30年改正消令附則17，18，28年改正消法附則44，51の2

107 売り手側が負担する振込手数料相当額の対応

CASE

売り手側からの代金請求について，取引当事者の合意の下で買い手側が振込手数料相当額を請求金額から差し引いて支払う商慣行があります。インボイス制度施行後においては，売り手側が負担する振込手数料相当額について，取引当事者の経理処理の対応によって消費税の処理方法が異なります。

そこで，インボイス制度開始後における売り手側が負担する振込手数料相当額の経理処理の区分ごとの消費税の処理方法について教えてください。

検 討

1 売り手側が売上値引きとして処理する場合

(1) 売 り 手 側

売上げに係る対価の返還等を行っていることとされるため，買い手側に対して返還インボイスの交付をする必要がある。ただし，振込手数料相当額が少額（1万円未満）である場合には，返還インボイスの交付義務が免除される。

(2) 買 い 手 側

仕入れに係る対価の返還等を受けたこととされるため，売り手側から返還インボイスの交付を受ける必要がある。ただし，振込手数料相当額が少額（1万円未満）である場合には，返還インボイスの交付義務が免除される。

2 売り手側が代金決済上の役務提供（いわゆる支払手数料）として処理する場合

(1) 売 り 手 側

課税仕入れとして仕入税額控除の適用を受けるためには，買い手側から交付を受けたインボイスの保存が必要となる。ただし，仕入明細書等を作成し，買い手側の確認を受けて仕入税額控除を行うことができる。

なお，基準期間（前々年・前々事業年度）における課税売上高が1億円以下又は特定期間（前年又は前事業年度開始の日以後6か月の期間）における課税売上高が5,000万円以下の事業者が行う課税仕入れに係る支払対

価の額が1万円未満の取引については，令和5年10月1日から令和11年9月30日までの間，帳簿のみの保存により仕入税額控除を行うことができる。

(2) 買い手側

買い手側の売り手側に対する代金決済上の役務提供は，課税資産の譲渡等とされるため，売り手側に対してインボイスを交付する必要がある。

3 買い手側が立替払したものとする場合

(1) 売り手側

買い手側が金融機関から受け取った振込手数料に係るインボイス及び買い手側が作成した立替金精算書等の交付を受け，振込手数料に係る仕入税額控除を行うことができる。

この場合，買い手側が請求金額から差し引く金額が金融機関の振込手数料と同額である必要がある。ただし，買い手側で差し引いた金額が振込手数料であること及び立替えでの支払が金融機関のATMでの振込みであることを確認したうえで，「ATM」と摘要欄に記載した帳簿のみの保存により仕入税額控除を行うことが可能とされている。

(2) 買い手側

金融機関から受け取った振込手数料に係るインボイス及び買い手側が作成した立替金精算書等の交付が必要となる。ただし，ATM手数料は3万円未満の自動販売機等により行われる商品の販売等（いわゆる自動販売機特例）の対象となるので，インボイス及び立替金精算書等の交付義務は免除される。

対　応

インボイス制度の開始後，支払手数料としての経理処理を売上げに係る対価の返還等としての経理処理に変更することは問題ない。

また，経理処理を支払手数料としつつ，消費税法上，売上げに係る対価の返還等とすることもできるが，支払手数料のコードを売上げに係る対価の返還等と分かるように帳簿に記載する必要があるので留意が必要である。

（宮森　俊樹）

参考条文・判決等
消法30⑦・⑨三，32①，57の4①③，消令49①，70の9③，消規15の4，26の6①一，平成28年改正法附則53の2，消令附則24の2①，インボイスQ&A問29，問30

108 少額な返還インボイスの交付義務の免除の創設

CASE

令和5年10月1日から適用されるインボイス制度では，インボイス発行事業者（売り手側）には，課税事業者（買い手側）に返品，値引き，割戻し又は決済の際に差し引かれた振込手数料相当額等の売上げに係る対価の返還等を行う場合，いわゆる返還インボイスの交付義務が課されます。

令和5年度税制改正では，売り手側の事務負担を軽減させる観点から，少額な返還インボイスの交付義務が免除される制度が創設されたそうですが，その内容と実務上の留意点について教えてください。

検　討

1　返還インボイス制度の概要

売上げに係る対価の返還等を行うインボイス発行事業者は，その売上げに係る対価の返還等を受ける他の事業者に対して，次に掲げる事項が記載された請求書，納品書その他これらに類する書類（以下「返還インボイス」という。）を交付しなければならない。

また，インボイスに交付に代えて，返還インボイスに係る電磁的記録を提供することができる。

① インボイス発行事業者の氏名又は名称及び登録番号
② 売上げに係る対価の返還等を行う又は行った年月日
③ 売上げに係る対価の返還等に係る課税資産の譲渡等に係る資産又は役務の内容（売上げに係る対価の返還等に係る課税資産の譲渡等が軽減対象課税資産の譲渡等である旨）
④ 売上げに係る対価の返還に係る課税資産の譲渡等に係る税抜価額又は税込価額を税率の異なるごとに区分して合計した金額
⑤ 売上げに係る対価の返還等の金額に係る消費税額等又は適用税率

2　少額な返還インボイスの交付義務の免除の創設

インボイス発行事業者が行う事業の性質上その売上げに係る対価の返還等に際し返還インボイスを交付することが困難な課税資産の譲渡等を行う

場合,その売上げに係る対価の返還等の金額が少額(1万円未満)であること(図表参照)その他一定で定めるときには,返還インボイスの交付義務が免除される。

3　適用関係

上記2の改正は,令和5年10月1日以後に国内において事業者が行うインボイスの交付義務が課される課税資産の譲渡等につき行う売上げに係る対価の返還等について適用される。

図表　少額な返還インボイスの交付義務の免除の創設

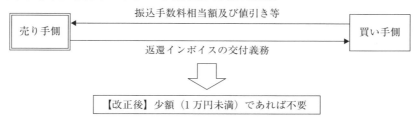

対　応

インボイスと返還インボイスを一の書類で交付することも可能とされている。この場合,原則として,課税資産の譲渡等の金額と売上げに係る対価の返還等の金額をそれぞれ別々に記載する必要がある。ただし,継続適用を前提として,課税資産の譲渡等の対価から売上げに係る対価の返還等の金額を控除した金額及びその控除した金額に基づき計算された消費税額等を税率ごとに区分して一の書類に記載すれば,その記載をもって必要な記載事項とされる。なお,課税資産の譲渡等の金額から売上げに係る対価の返還等の金額を控除した金額に基づいて消費税額等の計算を行う場合には,税率ごとに1回の端数処理が必要とされるので留意が必要である。

(宮森　俊樹)

参考条文・判決等
消法57の4③⑤,消令70の9③二,令和5年改正法附則20②

109 2割特例制度

CASE

令和5年10月1日から適用されるインボイス制度では，消費税を申告したことのない事業者の消費税の申告等の事務負担及び消費税等の急な価格転嫁などが課題とされていました。

令和5年度税制改正では，これまで免税事業者であった者がインボイス発行事業者になった場合には，負担軽減に配慮した税額控除に関する特例として2割特例制度が創設されたそうですが，その内容と実務上の留意点について教えてください。

検 討

1 適用対象者

免税事業者（基準期間における課税売上高が1,000万円以下である事業者）がインボイス発行事業者の登録をして課税事業者になる場合には，令和5年10月1日から令和8年9月30日までの日の属する各課税期間において，その課税期間における課税標準額に対する消費税額から控除する金額を，その課税標準額に対する消費税額に8割を乗じた額とすることにより，納付すべき消費税額等をその課税標準額に対する消費税額の2割とする制度（以下「2割特例制度」という。）の選択適用ができる。

なお，課税事業者がインボイス発行事業者となった場合であっても，インボイス発行事業者となった課税期間の翌課税期間以後の課税期間について，基準期間の課税売上高が1,000万円以下である場合には，原則として，2割特例の適用を受けることができる。

2 適用除外とされる課税期間

次に掲げる課税期間については，2割特例制度の適用は受けられない。

① 基準期間における課税売上高が1,000万円を超える課税期間
② 特定期間における課税売上高による納税義務の免除の特例の適用により事業者免税点制度の適用が制限される課税期間
③ 相続・合併・分割があった場合の納税義務の免除の特例の適用により事業者免税点制度の適用が制限される課税期間
④ 新設法人又は特定新規設立法人の納税義務の免除の特例の適用により

Ⅸ　申告書の作成等・その他

事業者免税点制度の適用が制限される課税期間
⑤　課税期間の特例の適用を受ける課税期間　等
3　課税事業者選択届出書を提出した課税期間
　2割特例制度の適用できる課税期間は，インボイス発行事業者の登録及び課税事業者選択届出書の提出等がなかったとしたならば事業者免税点制度の適用を受けられることとなる課税期間に限られる。

　そこで，課税事業者選択届出書の提出により，令和5年10月1日前から引き続き事業者免税点制度の適用を受けられないこととなる同日の属する課税期間は，2割特例制度の適用は受けられない。

　また，課税事業者選択届出書を提出することにより，令和5年10月1日の属する課税期間の初日から事業者免税点制度の適用を受けられないこととなる事業者が，インボイス発行事業者の登録申請書を提出している場合には，その課税期間中に課税事業者選択不適用届出書を納税地を所轄する税務署長に提出したときは，その届出書をその課税期間の初日の前日に提出したものとみなされ，2割特例制度の適用が可能とされる。

4　手続規定
　インボイス発行事業者が上記1に掲げる2割特例制度の適用を受けようとする場合には，確定申告書にその旨を付記（2割特例制度の有・無について○印を付）するものとされる。

対　応

　令和5年10月1日から令和8年9月30日までの日の属する各課税期間（計4回の申告）では，簡易課税度選択届出書を提出していない事業者は本則課税制度と2割特例制度のいずれかを確定申告時に選択適用することが可能とされる。また，簡易課税制度選択届出書を提出している事業者は，簡易課税制度と2割特例制度のいずれかを確定申告時に選択適用することが可能とされる。ただし，簡易課税制度選択届出書を提出した場合には，2年間の継続適用の縛りが生じるので留意が必要である。

（宮森　俊樹）

参考条文・判決等
消法9①，9の2①，10，11，12，12の2①，12の3①，平成28年改正法附則51の2①〜③⑤，インボイスQ&A問111，112

110 口座振替・口座振込による契約書のインボイス等の対応

CASE

　令和5年10月1日からインボイス発行事業者の登録番号，適用税率，消費税額等の一定の事項が記載された請求書，納品書，領収書及びレシート等（以下「インボイス等」といいます。）の保存が仕入税額控除の要件とされるインボイス制度が導入されます。
　そこで，事務所家賃の支払い及び専門家への報酬など契約書は作成していますが，家賃及び顧問料等の支払い記録が銀行の通帳に口座振替・口座振込の記録が残るだけの取引であっても，仕入税額控除を受けるためには，インボイス等の保存が必要とされこととなるそうですが，その実務上の対応について教えてください。

検　討

1　新規契約における対応

　令和5年10月1日以後に仕入税額控除の適用を受けるためには，①発行事業者の氏名又は名称及び登録番号，②取引年月日，③取引の内容，④対価の額，⑤取引の相手方の氏名又は名称，⑥軽減税率対象品目である旨，⑦税率ごとに合計した対価の額，⑧消費税額等が記載されたインボイス等の保存が必要とされる。
　この場合，口座振替・口座振込による契約書に基づき代金決済が行われ，取引の都度，請求書や領収書等が交付されない取引であっても，仕入税額控除を受けるためには，原則として，上記①から⑧に掲げる事項が記載されたインボイス等の保存が必要とされる。
　また，インボイス等は一定期間の取引をまとめて交付することも可能とされているので，取引の相手方から一定期間の賃借料・報酬料等についてのインボイス等の交付を受け，それを保存することによる対応も可能とされる。
　なお，インボイス等として必要な記載事項は，一の書類だけで上記①〜⑧に掲げる事項の全てが記載されている必要はなく，複数の書類で記載事項の要件を満たせば，それらの書類全体でインボイス等の記載事項を満たすこととされている。例えば，口座振替・口座振込により家賃・顧問料等

を支払う場合も，上記②取引年月日以外の事項が記載された契約書とともに，上記②取引年月日の事実を示す通帳又は銀行が発行した振込金受領書等を併せて保存することにより，インボイス等の保存があるものとして仕入税額控除の要件を満たすこととなる。

２　既存契約における対応

　令和５年９月30日以前より作成されている契約書（以下「既存契約書」という。）においては，インボイス等として必要な上記１①～⑧に掲げる複数項目の記載事項が不足しているケースが想定される。この場合には，別途，不足している記載事項（例：登録番号，適用税率又は消費税額等）を紙ベース又はメールなど電子的方法で通知する必要が生じる。既存契約書とともにその通知書を保存することによって，インボイス等の保存があるものとして仕入税額控除の要件を満たすこととなる。

≪通知書の記載例≫

　令和５年10月１日以降のご案内

　××契約書（締結日：〇年〇月〇日）と併せて本通知書の保管をお願い致します。

　登録番号：T123456789…

　消費税率：10％

　消費税額等：×××円

対　応

　取引の都度，インボイス等が交付されない取引について，取引の中途で取引の相手方がインボイス発行事業者でなくなるケースも想定され，その旨の連絡が無い時にはその事実を把握することが困難となる。この場合には，インボイス発行事業者以外の者（いわゆる免税事業者）に支払う取引対価の額については，原則として，仕入税額控除を行うことはできない。

　そこで，決算時又は年度末など一定の時期に「国税庁適格請求書発行事業者公表サイト」で相手方がインボイス発行事業者か否かを確認する必要がある。

（宮森　俊樹）

参考条文・判決等
消法57の４①，インボイス通達３－１，インボイスQ&A問93

111 適格請求書発行事業者以外の者からの課税仕入れ

CASE

適格請求書発行事業者以外（免税事業者等）からの課税仕入れについては，仕入税額控除ができないのでしょうか。
控除することができる特例や負担軽減のための措置などはありますか。

検 討

　適格請求書発行事業者以外の者（消費者，免税事業者又は適格請求書発行事業者の登録を受けていない課税事業者（以下，「免税事業者等」という。））からの課税仕入れについては，原則として仕入税額控除が受けられない。
　しかし，インボイス制度導入後の一定期間については，このような免税事業者等からの課税仕入れについての仕入税額控除の経過措置が設けられている。

1　8(5)割控除

　インボイス制度導入後の一定期間については，免税事業者等からの課税仕入れであっても一定の帳簿及び請求書等の保存を要件に，一定割合の仕入れに係る消費税が控除できる。

(1)　適用期間

　令和5年10月1日から令和8年9月30日までの期間は，課税仕入れに係る消費税額の80％相当額，令和8年10月1日から令和11年9月30日までの期間については，課税仕入れに係る消費税額の50％相当額が控除できる。

(2)　適用要件

　次の事項を記載した帳簿及び請求書等の保存が必要となる。
　帳簿の記載事項は，① 課税仕入れの相手方の氏名又は名称，② 取引年月日，③ 取引の内容（軽減税率対象の場合は，その旨），④ 支払対価の額（この経過措置の適用を受ける旨（「80％（50％）対象」などの記載）である。
　請求書等の記載事項は，① 発行者の氏名又は名称及び登録番号，② 取引年月日，③ 取引内容（軽減税率の対象である旨），④ 税率ごとに区分合計した金額，⑤税率ごとに区分した消費税額等又は適用税率，⑥ 購入者の氏名又は名称である。
　小売業等などの不特定多数の者に対する販売等においては，請求書等の記載事項⑤の消費税額等又は適用税率のいずれか一方，同⑥については記

載不要となっている。

なお，この経過措置（8（5）割控除）の対象となる課税仕入れの額がその事業年度等で10億円（税込）を超える場合には，その超えた部分の課税仕入れについて，この経過措置が適用できないこととされた（令和6年10月1日以後に開始する課税期間から適用）。

2　少額特例
(1)　適用対象者

基準期間における課税売上高が1億円以下又は特定期間における課税売上高が5,000万円以下の事業者。なお，特定期間における課税売上高については，給与支払額による判定はできない。

(2)　適用期間

令和5年10月1日から令和11年9月30日までに国内において行なう課税仕入れ。

(3)　適用要件

国内において行う一取引ごとの課税仕入れに係る支払対価の額（税込）が1万円未満である場合には，適格請求書等の保存がなくても上記1(2)①～④の記載事項を満たした帳簿のみを保存することによりその全額が仕入税額控除の対象となる。

免税事業者等からの課税仕入れであっても，課税仕入れに係る支払対価の額（税込）が1万円未満である場合には少額特例の対象となる。

対　応

8（5）割控除その適用要件である帳簿及び請求書等への記載事項について確認し，適正に処理保存する必要がある。また，少額特例については，適用対象の可否を基準期間における課税売上高等で判定するため，事前に判定しその適用の可否を判断しておくことが重要である。事業年度等ごとに適用の可否が分かれることも考えられるため，経理担当者への周知，確認が必要である。会計システムの運用，対応についても確認をしておきたい。

いずれにしても適用期間が設けられているため，これら措置終了後の原則的な取扱いとなった場合の影響についても確認しておくべきであろう。

(浦　口　弘)

参考文献・判決等
消法30，57の4，28年改正消法附則51の2，52，53，53の2，30年改正消令附則24の2，改正法附則1三リ，63

112 インボイス制度導入に伴う特定収入がある場合の仕入税額控除の調整規定

CASE

公益法人等の仕入控除税額の計算においては，一般の事業者とは異なり，補助金，会費，寄附金等の対価性のない収入を「特定収入」として，これにより賄われる課税仕入れ等の消費税額を仕入控除税額から控除する調整が必要とされています。令和5年10月から導入された適格請求書保存方式（インボイス制度）によるこの特定収入に係る調整計算について教えてください。

検 討

1 仕入税額控除の計算の特例

公益法人等が簡易課税制度を適用せず，原則課税により仕入控除税額の計算を行う場合で，特定収入割合が5％を超えるときは，特定収入に係る課税仕入等の税額は仕入税額控除の対象とならない。

【例1】 仕入控除税額
① 資産の譲渡等の対価　　　　　　　　　　　　　6,000
② 特定収入　　　　　　　　　　　　　　　　　　4,000
③ 特定収入割合＝特定収入／資産の譲渡等の対価＋特定収入
④ 仕入控除税額（調整前）　　　　　　　　　　　1,000
⑤ 特定収入に係る課税仕入等の税額　1,000×（1－4,000/10,000）＝ 600

差額400は特定収入に係る課税仕入等の税額として仕入控除税額とすることができない。

2 インボイス制度後の対応

インボイス制度開始後において適格請求書発行事業者以外の者からの課税仕入れ（以下「控除対象外仕入れ」という。）は経過措置を除き仕入税額控除の対象外となる。この控除対象外仕入れについて，仕入税額控除の対象とならないにもかかわらず，特定収入に係る課税仕入の調整計算上は含めて計算しなければならない。

ただし，事業者が，課税仕入れ等に係る特定収入により控除対象外仕入れを一定程度行い，当該特定収入により仕入控除税額の制限を受けた場合において，国等へ報告することとされている文書などにより，その控除対象

外仕入れに係る支払対価の額の合計額を明らかにしているときは，控除対象外仕入れに係る仕入控除税額の制限額に相当する額を，その明らかにした課税期間における課税仕入れ等の税額の合計額に加算することができる。

3 適用判定

この取扱いは，課税仕入れ等に係る特定収入により支出された課税仕入れのうち，適格請求書発行事業者以外の者からの課税仕入れが5％を超える場合に限る（この場合の対象となる特定収入を「取り戻し対象特定収入」という。）。

【例2】前提　仕入控除税額　全額控除

① 特定収入の調整割合　　　　　　　　　　　　　　　　　60％
② 補助金に係る課税仕入の対価の合計額（税込）　　　　3,000
③ 免税事業者からの課税仕入の対価（10％税込，経過措置適用あり）
　　　　　　　　　　　　　　　　　　　　　　　　　　2,000

【取り戻し対象特定収入の判定】

2,000／3,000＞5％

∴この調整計算の対象

【調整する金額】

2,000／1.1×7.8％＝141

141 ×（1－60％）＝56

56×20％＝11

取り戻し対象特定収入の判定に該当するかどうかの判定は，ある課税期間に受領した全ての課税仕入等に係る特定収入の合計額を基礎として行うものではなく，課税仕入れ等に係る特定収入ごとに，その課税仕入れ等に係る特定収入により支出された課税仕入に係る支払対価の額の合計額を基礎として行う。

対　応

この取扱いは控除対象外仕入れに係る金額が「明らかに」している時とされる。補助金等の精算は支出した年の翌年度などに行われることが多いため，適用時期に注意が必要である。

（樋之口　毅）

113 優良な電子帳簿に係る過少申告加算税の軽減措置

CASE

当社は，従前から，会計帳簿を電子計算機で作成し，国税関係帳簿を電磁的記録により保存することにつき，税務署長の承認を受けて，電子帳簿保存を行ってきました。令和3年度税制改正において，電子帳簿保存の手続等の見直しが行われ，優良な電子帳簿は過少申告加算税の軽減措置が適用できるようになったそうですが，何か対応が必要でしょうか。

検 討

1 令和3年度改正後の電子帳簿保存

電子計算機を使用して作成した国税関係帳簿書類については，一定の要件の下で，電磁的記録等による保存等(備付け及び保存)が認められている。

令和4年1月1日以降備付けを開始する国税関係帳簿については，次の①〜③の要件を満たせば，電磁的記録による保存等が可能である。

① 電子計算機処理システムの概要書等の備付け
② 見読可能装置の備付け等
③ 税務質問検査権に基づくダウンロードの求めに応じること

さらに，上記①〜③の要件に加え，次の④〜⑥の要件を満たした「優良な電子帳簿」の保存等を行い，過少申告加算税の特例の適用を受ける旨の届出書をあらかじめ所轄税務署長等に提出している保存義務者について，その優良な電子帳簿に記録された事項に関し申告漏れがあった場合には，その申告漏れに課される過少申告加算税の額の計算の基礎となるべき税額が5％軽減される。

④ 電磁的記録の訂正・削除・追加の履歴の確保
⑤ 各帳簿間での記録事項の相互関連性の確保
⑥ 検索機能の確保[注1]

(注1) ③を満たす場合には検索要件が限定され，検索要件全てを満たす場合には③の要件は不要となる。

2 優良な電子帳簿に係る過少申告加算税の軽減措置の改正

令和5年度税制改正において，優良な電子帳簿保存に係る過少申告加算

税の軽減措置の適用を受ける場合に対象となる帳簿の範囲が見直された。改正前は，税法で備付け，保存が義務付けされている帳簿のすべてとされていたが，改正後は，所得税法，法人税法について，仕訳帳・総勘定元帳以外の，その他必要な帳簿の範囲が明確化(注2)された。なお，消費税については変更されていない。

> (注2) 所得税法は，財務大臣の定める取引に関する事項（財務大臣告示（昭和42年大蔵省告示第112号）），法人税法は法人税法施行規則別表22に定める取引に関する事項を基準に，その範囲が明確化された。具体的には，売上帳，仕入帳，経費帳，固定資産台帳などが挙げられており，当座預金元帳などは除かれた。

3　事前承認を受けている場合

令和4年1月1日よりも前に承認を受けた国税関係帳簿について，令和3年度改正後の要件で電磁的記録の保存等を行う場合，原則として，当該承認済国税関係帳簿に係る取りやめの届出書の提出が必要となる。しかし，改正後の要件で電子帳簿保存等を開始した日について，後日明らかにできるような状態で適宜の方法により管理，記録をしておき，税務調査があった際に説明できるような状態にしておく場合には，改正前の承認に係る取りやめの届出書の提出があったものとみなすとされている。また，改正後の優良な電子帳簿の要件に該当する方法で保存等を行う場合は，過少申告加算税の軽減措置の適用を受けることが可能であるが，特例の適用を受ける旨の届出書の提出が必要となる。

対　応

事前承認を受けた国税関係帳簿は優良な電子帳簿の要件を満たしているので，対象となる帳簿で承認を受けていないものについて優良な電子帳簿の要件を満たせば，軽減措置の適用を受けられる。令和5年度改正により適用の対象となる帳簿の範囲が明確化され，適用可否の判断がしやすくなったので，要件を満たすことが可能かどうか検討し，可能であれば特例の適用を受ける旨の届出書を提出して，適用を受けるべきだろう。

（廣瀬　尚子）

参考条文・判決等
電帳法4，8④，電帳規2②一・二・三，5①，5⑤一イ・ロ・ハ，電帳取通8-4，所規58①，法規54，消法30⑦，38②，38の2②，電帳法Q&A【電子帳簿書類関係】問58

114 通算法人の電子申告義務化の留意点

CASE

資本金の額等が1億円以下で電子申告義務化対象外だった連結法人が通算法人に移行しました。

法人税等や消費税についてe-Tax届出書を提出する場合の実務上の留意点について教えてください。

検 討

1 対象税目，対象書類

通算法人がe-Taxによる電子申告義務を課される税目は法人税等であり消費税は含まれない。これまで電子申告義務化の対象外だった資本金の額等1億円以下の連結法人が通算法人に移行する際は法人税等の義務化対応が求められた。

連結納税制度では連結子法人は法人税等の申告主体でなかったが，グループ通算制度では通算親法人に加え通算子法人も申告主体となり法人税等を単体申告することになった。

電子申告義務化は確定申告書だけでなく，予定又は仮決算の中間申告書，修正申告書及び還付申告書も対象となる。「申告書及び申告書に添付すべきものとされる書類の全て」が義務化されたため，「財務諸表」や「勘定科目内訳明細書」等も所定のデータ形式での提出が求められる。

2 届 出 規 定

通算法人は，通算承認の効力が生じた日等から1月以内に「e-Taxによる申告の特例に係る届出書（法人税等・消費税用）」（以下「e-Tax届出書」という。）を納税地の所轄税務署長に提出する必要がある。

3 連結法人から移行時の届出

資本金の額等が1億円以下で電子申告義務化対象外だった連結法人が通算法人に移行する場合，法人税等についてe-Tax届出書を提出する必要がある。また，消費税は資本金の額等の判定により引き続き電子申告義務化の対象外となるためe-Tax届出書を提出する必要はない。

反対に，資本金の額等が1億円超で電子申告義務化の適用を受けていた連結法人が通算法人に移行する場合，法人税等につき通算子法人はe-Tax

届出書を新たに提出する必要がある一方で、通算親法人は既に提出済と考えられる。また、親法人も子法人も消費税のe-Tax届出書は既に提出済と考えられる。

4 消費税の判定と申告の時期

消費税にはグループ通算制度が導入されないため、各通算法人が単体で申告することになる。ただし、電子申告義務の判定においては、通算法人の消費税も「事業年度開始の時」の資本金の額等が1億円超か否かで行われる。期間特例を受けているケースでは電子申告が義務化される消費税申告の時期が法人税等申告よりも早期に到来する点に留意されたい。

5 減資とその後の届出

通算法人が事業年度中に減資を行い資本金の額等が1億円以下になっても「事業年度開始の時」の資本金の額等が1億円超か否かで電子申告義務は判定される。なお、翌事業年度開始時の判定に伴い電子申告義務化対象外となった場合は速やかに「e-Taxによる申告の特例の適用がなくなった旨の届出書」を提出する必要がある。

6 税理士による代理送信

通算子法人から法人税等の税務書類の作成の委嘱を受けた関与税理士は、同法人の代表者からの電子委任状を添付することなくe-Taxでの代理送信が可能である。一方、通算親法人が通算子法人の法人税等の申告書等をe-Taxで提供する際の通算親法人の関与税理士は、送信時に通算親法人の代表者からの電子委任状を添付する必要がある。

対 応

電子申告義務化に伴い申告書作成から代理送信に至るまでの一気通貫化が進展している。

企業のダイナミックなDX推進をより一層支援することで社会の期待に応えていきたい。

(杉山 一紀)

参考条文・判決等
法法75の4、法規36の4、消法46の2

115 電子帳簿保存法の改正～電子取引データの保存～

CASE

令和6年1月に電子帳簿保存法が改正されたそうですが，取引先と電子取引をした場合，電子データの保存方法や保存要件など，改正後の制度の内容と留意点について教えてください。

検討

　経済活動のデジタル化が進展し，会計業務の効率化と記帳水準の向上等を図るため，令和4年1月に改正電子帳簿保存法が施行された。これにより電子取引のデータ保存が義務化されたが，2年間の宥恕措置により事実上，出力書面の保存が可能であった。

　同法は令和6年1月より新たな猶予措置が講じられるなど，さらなる改正が行われた。

　以下では改正法のうち，電子取引の取引情報の保存について概説する。

Ⅰ　制度の概要
1　電子取引の取引情報の保存

　所得税（源泉徴収に係る所得税を除く。）及び法人税に係る国税関係帳簿書類を保存しなければならない事業者が電子取引を行った場合，その取引情報を電子データで保存しなければならない。

2　保存対象データ

　注文書や契約書・送り状・領収書・見積書・請求書などに相当する電子データが対象であり，EDI取引，インターネット等による取引，電子メールによる取引（添付ファイルを含む。）などの取引が含まれる。

3　保存要件等
(1)　真実性の確保

　電子取引を行った場合，取引情報については，次のいずれかの措置を行って保存しなければならない。

① 　タイムスタンプが付された後の電子データの受領
② 　電子データの受領後，最長2か月と概ね7営業日以内にタイムスタンプを付す
③ 　データ訂正・削除を行った場合，その記録が残るシステム又は訂正・

削除ができないシステムを使用した電子データの保存
④　訂正・削除の防止に関する事務処理規程の備付け
(2)　可視性の確保
　PC，ディスプレイ，プリンタ等を備え付けなければならない。
(3)　検索機能の確保
①　原則
　データは「日付・金額・取引先」で検索可能な状態での保存が必要である。索引簿を作成するか，データに規則的なファイル名を付す方法のいずれかで対応が可能である。
②　①によらない場合
　上記(1)(2)の要件を満たし，かつ質問検査権に基づく電子取引データの提出等の求めに応ずることができる下記イ又はロの事業者は，①の検索機能の確保要件は不要となる。
　イ．基準期間の売上高が5,000万円以下の事業者
　ロ．電子取引データの出力書面を整理された状態で提示・提出できるようにしている事業者

Ⅱ　猶予措置

　システムやワークフローの整備が間に合わない等，保存要件に従って電子取引データの保存ができなかったことについて相当の理由があると税務署長が認め，かつ，電子取引データのダウンロードの求め及びその出力書面の提示・提出に応ずる場合は，保存要件にかかわらず電子取引データの保存ができる。

対　応

　令和6年1月1日前と同日以後の電子取引では保存方法等が異なるので注意が必要である。事業者が保存要件に従って電子データの保存をしていない場合は，国税関係書類の保存書類とみなされない。
　Ⅱは，資金繰りや人手不足等の特段の事情がなく電子取引データをルールに従って保存しない場合は相当の理由があるとは認められないので留意しなければならない。

（山邉　洋）

参考文献・判決等
電帳法2②二④⑤，4①③，7，電帳規2②二，4①③，電帳通2-2，7-4，7-5，7-12

116 電子取引の取引情報に係る電子データの保存制度の猶予措置の創設

CASE

令和3年度税制改正では、所得税（源泉徴収に係る所得税を除きます。）及び法人税に係る電子データの保存義務者は、令和4年1月1日以後に行われた電子取引（請求書・領収書等の授受を電子データで行う取引）を行った場合の取引情報（請求書・領収書等）を電子データ（原本）保存義務が規定されました。

ただし、令和4年度税制改正では、令和4年1月1日から令和5年12月31日までに電子取引を行う場合に電子データの書面又はCOM（以下「出力書面等」といいます。）の保存をもって、電子データの保存に代えることができる宥恕規定が創設されました。

そして、令和5年度税制改正では、令和6年1月1日から新たな猶予措置が創設されたそうですが、その改正前及び改正後の制度の概要について教えてください。

検討

1 改正前制度の概要

令和4年1月1日以後においては、次に掲げる要件に従って、電子取引の取引情報に係る電子データを保存する必要がある。

(1) 改ざん防止の要件

次に掲げるいずれかの条件を満たす必要がある。

① 発行者側でタイムスタンプが付与された電子データを受領すること。
② ユーザー（受領者）側でデータの受領後遅滞なくタイムスタンプを付与すること。
③ データの訂正・削除の履歴が残るシステム（サービス）を利用すること。
④ 改ざん防止等のための事務処理規程を作成・運用・備付けを行うこと。

(2) 見読可能装置の備付けの要件

ディスプレイ・プリンター等を備付け、その操作説明書を備え付けること。

(3) 検索機能の確保の要件

① 次の要件を充足した検索機能を確保していること。

イ　取引の日付，取引金額及び取引先（記録項目）で検索できること。
ロ　日付又は金額に係る記録項目について，その範囲を指定して条件を設定できること。
ハ　2以上の任意の記録項目を組み合わせて条件を設定できること。

② 税務調査に基づくダウンロードの求めに応じることとしている場合には，上記①ロ・ハの要件が不要とされる。また，その判定期間に係る基準期間における売上高が1,000万円以下である事業者は，上記①イ～ハの要件が不要とされる。

2　令和5年度税制改正

(1) 検索機能の確保の要件の見直し

税務調査に基づくダウンロードの求めに応じることとしている場合には，上記1(3)①イ～ハ（改正前：ロ・ハ）の要件が不要とされる。また，その判定期間に係る基準期間における売上高が5,000万円（改正前：1,000万円）以下である事業者は，上記1(3)①イ～ハの要件が不要とされる。

(2) 新たな猶予措置の創設

システム対応を相当の理由により行うことができなかった事業者については，出力書面等の提示・提出及びダウンロードの求めに応じることができるようにしておけば，上記1(3)①イ～ハの検索機能を確保の要件が不要とされる新たな猶予措置が創設された。

(3) 適　用　関　係

上記(1)及び(2)の改正は，令和6年1月1日以後に行う電子取引の取引情報について適用される。

対　応

取引先から電子データで受領した請求書・領収書等又は取引先へ電子データで交付した請求書・領収書等の控え等が電子データに該当し，これらの電子データを授受する法人又は個人事業者が保存義務者とされる。

また，電子データ又は出力書面等は，税務調査期間（法人：7年又は10年間・個人：5年間）の保存が必要とされる。

（宮森　俊樹）

参考条文・判決等
電帳法7，電帳規4①，電帳規4③⑥五，令和5年改正電帳規附則2②

117 インターネットバンキングと電子取引データ保存

CASE

当社は，インターネットバンキングを利用して，預金口座からの振込によって経費の支払などを行っています。電子帳簿保存法において，電子取引に該当する取引はその情報を電子データにより保存しなければならないとされているそうですが，インターネットバンキングによる振込は電子取引に該当するのでしょうか。また，電子取引に該当するとしたら，どのように電子データを保存すればよいでしょうか。

検 討

1 電子取引データ

「電子取引」とは，取引情報の授受を電磁的方式により行う取引をいい，「取引情報」とは，取引に関して受領し，又は交付する注文書，契約書，送り状，領収書，見積書その他これらに準ずる書類に通常記載される事項をいう。

インターネットバンキングを利用した支払等は，その取引情報の正本が別途郵送されるなどといった事情がない限り，EDI取引として電子取引に該当するため，国税関係書類の保存義務者としては，取引情報を電子データにより保存しなければならない。紙の通帳や当座照合表を保存していても，総合振込などの場合，窓口で振込等を行ったとした場合に受領する書面の記載事項（振込等の実施取引年月日・金額・振込先名等）は記載されないので，取引情報は別途保存しなければならないことも注意が必要である。

2 電子取引データの保存要件

電子取引データの保存は，真実性や可視性を確保するための要件を満たす必要がある。

真実性の要件は，①タイムスタンプが付された後の授受，②速やかにタイムスタンプを付すこと，③データの訂正削除を行った場合にその記録が残るシステム又は訂正削除ができないシステムを利用して授受及び保存を行うこと，④訂正削除の防止に関する事務処理規程を策定・運用・備付け

のいずれかの措置を行うことである。インターネットバンキングの取引情報は，データをダウンロードする又は印刷機能等で画面のPDFファイルを作成するなどの方法によって保存するのが一般的だが，訂正削除が可能であるデータの場合，②か④の方法で保存する必要がある。

　可視性の要件は，ディスプレイ・プリンタ等を備え付け，「日付・金額・取引先」の条件で検索できるようにすることである。検索機能を備えた状態での保存を簡単に行えるツールなどが比較的安価に入手できるので，利用してもよいだろう。

　また，金融機関によっては，随時確認可能なオンライン上の通帳や入出金明細等を提供しているところもあり，この場合はデータをダウンロードしていなくても電子取引データを保存しているものと認められる。

3　保存要件を満たさないデータ保存の猶予措置

　令和6年1月1日以後に行う電子取引については，税務署長が相当の理由（例えば，システム等や社内でのワークフローの整備が間に合わない場合等）があると認め，かつ，保存義務者が税務調査等の際に，税務職員からの求めに応じ，その電子データ及び出力書面の提示等をすることができる場合には，その保存時に満たすべき要件にかかわらず電子データの保存が可能となる猶予措置が創設された。しかし，出力書面のみを保存することで対応することは認められておらず，出力書面の提示等に加え，電子データそのものの保存，提示等は必要なので，要件に従った方法で電子データを保存した方がよいだろう。

対　応

　実店舗やATMに行く手間を省くことができ，CSVなどで受領した取引情報を利用して経理処理を効率化できるなど，決済手段としてインターネットバンキングを利用するメリットは大きいが，取引情報を電子データにより保存しておく必要がある。保存義務者の状況に応じて，合理的な方法を選択し，電子取引データ保存を進めるべきであろう。

(廣瀬　尚子)

参考文献・判決等
電帳法7，電帳規2②二⑥五，4①③，電帳取通7−12，電帳法Q＆A【電子取引関係】問9, 9−2, 61

ケーススタディ
税理士実務質疑応答集　法人税務編［令和6年改訂版］

令和6年11月26日　第1刷発行

〈右山研究グループ〉

監　修　　右山昌一郎

編集委員　野原　武夫
　　　　　宮森　俊樹

発　行　　株式会社ぎょうせい
〒136-8575　東京都江東区新木場1-18-11
URL：https://gyosei.jp

フリーコール　0120-953-431

ぎょうせい　お問い合わせ　検索　https://gyosei.jp/inquiry/

〈検印省略〉

印刷　ぎょうせいデジタル株式会社
＊乱丁本・落丁本はお取替え致します。

©2024　Printed in Japan

ISBN978-4-324-11447-6
(5181466-00-000)

〔略号：ケース税理士応答法人（令6）〕

実務上で生じた疑問・難問の解決の方向性を示す
全4巻のシリーズ！

疑問・難問突破シリーズ

❶ 資産税務　❷ 消費税務
❸ 所得税務　❹ 法人税務

詳しくはコチラから！

①資産税務：梶野泰子【著】　②消費税務：齋藤文雄【著】
③所得税務：北井好則【著】　④法人税務：灘野正規・石田嘉男【著】

A5判・セット定価17,600円(10%税込)　各巻定価4,400円(10%税込)

●実務の基本的事項から、法令や通達だけでは課否や正誤の判断がつきづらい難問事案までを、QA形式で要点を押さえつつ理解できます。

❶ 資産税務
こんな疑問・難問を掲載！
▶ 相続開始後に未収給与を受け取った場合は？
▶ 譲渡した家屋に譲渡後も住み続けている場合は？

❷ 消費税務
こんな疑問・難問を掲載！
▶ 設立期間中に課税売上高がある法人の基準期間における課税売上高の計算は？
▶ 土地と建物を一括譲渡した場合の譲渡対価の額の区分は？

❸ 所得税務
こんな疑問・難問を掲載！
▶ 娘の医療費を私が支払った場合の医療費控除は？
▶ 雑所得の三区分の判断基準は？

❹ 法人税務
こんな疑問・難問を掲載！
▶ 遊休資産の評価損の計上は？
▶ 自己株式を高額もしくは低額で取得又は消却された場合の取扱いは？

株式会社 ぎょうせい

フリーコール
TEL:0120-953-431 [平日9〜17時]　FAX:0120-953-495
https://shop.gyosei.jp　ぎょうせいオンラインショップ [検索]

〒136-8575 東京都江東区新木場1-18-11

110万円の基礎控除が新創設
使いやすくなった制度を徹底解説！

贈与税改正対応

相続時精算課税制度の活用と実務ポイント

税理士
宮森 俊樹
【著】

A5判・定価2,750円（10%税込）

〔電子版〕**価格2,750円**（10%税込） ※電子版は ぎょうせいオンラインショップ 検索 からご注文ください。

◆ 株や生命保険などのパターン別に解説
　事業承継問題を解決する糸口も見つかる

◆ 暦年課税制度との比較も一目瞭然
　どちらが有利なのか？！
　贈与財産の種類や金額、回数を比較検討
　最適な資産移転の方法がわかる！

◆ 他規定との関係もコンパクトに解説
　取得費加算制度、物納制度、小規模宅地特例などの**知らないでは済まされない関係**を詳解
　さらには密接に関わる民法との関係にも言及

詳しくは
コチラから！

目　次

第1章	相続税・贈与税の令和5年度税制改正
第2章	相続時精算課税制度のしくみ
第3章	相続時精算課税制度と暦年課税制度との税負担の比較
第4章	住宅取得等資金の贈与を受けた場合の相続時精算課税制度の特例
第5章	相続時精算課税制度の活用パターン
第6章	相続時精算課税制度と他規定との関係
第7章	民法における相続法との関係

 株式 ぎょうせい

〒136-8575 東京都江東区新木場1-18-11

フリーコール
TEL：0120-953-431 [平日9～17時] **FAX：0120-953-495**
https://shop.gyosei.jp ぎょうせいオンラインショップ 検索